うわさの人物
神霊と生きる人々

加門七海

集英社文庫

まえがき 9
プラスへ導くポジティブ能力
ハマサイ氏（超能力者） 19
北の国から母なる神の声
木村藤子氏（透視能力者） 51
手指で上げるあなたの運気
大島幸江氏（仮名・エステティシャン） 79
修験道第一の門番
田中利典氏（金峯山修験本宗宗務総長） 101
曼荼羅の世界で己をみつめる
五條良知氏（大峯山護持院東南院住職） 141

うわさの人物　神霊と生きる人々

目次

竜宮が見守るあたたかな祈り
高橋恵子氏（ユタ） 177

普通の高校生がユタになるまで
平博秋氏（ユタ） 213

神官は憑きものを知る
三木芳照氏（仮名・神社神職・神官） 241

昼は敏腕女社長、夜は凄腕霊能者
井川浩子氏（仮名・デザイン会社経営） 275

あとがき 324

うわさの人物

神霊と生きる人々

まえがき

本書は、心霊及び神仏の世界に関《かか》わる方々へのインタビュー集だ。

実は数年前から、私は格別、霊能者と呼ばれる人に興味を抱くようになっていた。

昔からオカルトや心霊関係が好きだったせいか、私の周囲にはいわゆる霊感があるという人から公《おおやけ》に霊能者と呼ばれる人まで、いつも誰《だれ》かが存在していた。相談に乗ってもらったこともあるし、互いに怪談を披露して一晩を過ごしたこともある。前世《ぜんせ》や守護霊、神仏の話も随分聞いた。

それらの話は単純に、刺激的で面白かった。が、そんな彼らとつきあうほどに、私は疑問を持つようになった。

——霊能者は何をどう見て、如何《いか》に正解を導き出すのか。

霊能を否定する人達の意見は大体、ふたつある。

ひとつは「証拠がない」。

もうひとつは「人によって答えが違う」。

私は否定派ではないが、右の意見に関しては異議を唱えるつもりはない。確かに、ただ「幽霊がいる」という場合、その証拠は提示できないし、ひとつの問題に対して霊能者らがてんでんバラバラなものを見て、まったく異なる結論を出した例も知っている。実際、ハッタリや思い込み、心理的なテクニックを駆使して商売する人も沢山いるため、胡散臭《うさんくさ》いと思われるのも仕方ないというのが現状だ。

しかし、すべてが虚妄《きょもう》とは言い切れない、と私は思う。

古代から今に至るまで存在し続けるこの能力が、すべて贋物《にせもの》であるならば、霊能というものはとっくの昔に「ない」ことになっているのではないか。時代によっては国家にまで影響を及ぼす「妄想」を笑顔で許し続けるほど、人間は愚かではないはずだ。私はそう考える。

とはいえ、ここで肯定しても、疑問は何ら解決しない。

たとえば、彼らが「見える」と言ったとき、どこで、どう見ているのか。視覚なのかイメージなのか、どの程度の情報量がそこに含まれて「見える」のか。私達にはわからない。ましてや、それがまったくの見当違いだったとき、肯定派の私ですら、ただの妄想ではないのかと首を捻《ひね》ってしまうのだ。

実際、霊能者を統合失調症と分類し、「電波」などと心ない言い方をする輩《やから》も多い。

知っている人は知っていると思うが、私自身もときとして不思議なモノに遭遇する。

そして、その一部を表に出して、飯の種としている人間だ。

但《ただ》し、私は霊能者ではない。単に見る・聞く・感じるというだけで、証拠が伴うことはほとんどない。ゆえに、私のようなタイプは妄想性障害の傾向にある人間、と見なされても仕方ない。しかし、プロの霊能者をも病人としてしまっていいのだろうか。

この本を記すに当たり、私は精神医学関連書、宗教体験と妄想・幻覚について記されたものを目につく限り読んでみた。

ある意味、勉強になったものの、生憎《あいにく》、どれも腑《ふ》に落ちなかった。加えて、読めば読むほどに、苛立《いらだ》ちばかりが募ってきた。

腑に落ちない理由はすぐにわかった。精神科医が診るのは飽《あ》くまでも、社会に適応できない病人であり、社会的活動を営んでいる霊能者ではないからだ。事例が疑問を解く手がかりにならないのは当然だった。

なかでも、私が苛立ったのは、そういう病人の症例を基《もと》に、霊能者や神秘体験者達のすべてを同等の病気の中に括《くく》ろうとする記述が散見されたことだ。

彼らの記した論の内、霊能者に会ったという記事はひとつも見出《みいだ》せなかった。会うこともせず、また知ろうとする努力もなくて、なぜ、彼らは判断できるのか。

この思い込みは、大多数の否定派達にも共通する。霊能を否定する人達にそこに至った理由を聞くと、テレビや雑誌の印象だけで決めつけている場合が多い。好き嫌いは個人の自由だが、妙な先入観のみで事実確認もなく否定をし、レッテルを貼《は》る行為は幼稚だ。会わずともわかるというのなら、彼らこそ妄想性障害の病人か、凄腕《すごうで》の霊能者ということになろう。

脳科学の本も読んだが、それもまた、参考にはならなかった。側頭葉《そくとうよう》のある箇所に刺激を加えると、人は幻覚を生じるという。しかし、そのことと、たとえば「当たる」という能力の間には隔たりがありすぎる。

結局、現代の科学や医療レベルでは霊能力は解明できない。但し、本を読むことは、まったくの無駄というわけではなかった。

霊能者と病人の言葉は、確かに似ている場合がある。その両者を分けるのは、証拠あるいは結果が出せるか出せないか、また、その人物が社会に関わり、霊能による貢献を果たしているのか、いないのか——それだけの差だということが改めて理解できたからだ。

ならば、その差はどこにあるのか。

人の過去や未来、家の状況、家族間の問題や失《う》せ物《もの》の場所、及び問題の解決法まで、彼らは的確に当てられる。そういう人は確かにいる。それをどう捉《とら》えるべきか。

もっとも、中には詐欺的あるいは誘導尋問的なテクニックを用いて「当てる」人も存在している。

エセ霊能者を語る場合、よく挙げられる例題として、こういう言い方がある。

「あなたのお父さんは亡くなっていませんね」

これは質問者の父が物故者でも生存していても「当たり」と出る言い方だ。父親が既に死んでいる――亡くなって、今はもういない。父親が生存している――亡くなってはいない。

こういうレトリックを使う自称霊能者もいるから用心だ。また、相談者自身が話し過ぎることで、物語に整合性ができてしまうときもある。

実際にあった事例を挙げよう。

霊能者「あなたのご先祖に関わった人で、非常に強い恨《うら》みを持った女性がいます。心当たりはありませんか」

相談者「あります。祖父が妾《めかけ》を囲っていました。それが本妻にばれて、妾の女性は町から追い出されたのです。彼女には身寄りもなかったそうです。そのとき、子供もいたそうですが、貧乏で死んでしまったそうです」

霊能者「ええ。その人が恨んでいますね」

――胡散臭いことはなはだしいが、これは相談者側にも問題がある。

右の事例に沿うならば、相談者はこう訊《き》くべきなのだ。

「どんな容姿の人ですか？　いつぐらいの時代でしょう」「父方の先祖ですか？　母方ですか？」「どんな恨みなんですか？」

別に、意地悪な問いかけではない。これで答えに詰まるようなら、その霊能者に大した力はない。また、こういう質問の仕方は、霊能者自身の能力を引き出していくきっかけにもなる。真実、見えているならば、フォーカスを定める手助けになるのだ。

霊能者が半端《はんぱ》に思える原因を、相談者が作る場合もあるのだ。

とはいえ、現代の彼ら（特に占い師）はほとんど、カウンセラーやアドバイザー的な立場にある。相談者は愚痴《ぐち》が言いたいだけだったり、自分で選択ができないだけだったり、単に寂しいだけだったり……テレビの身の上相談とさして変わらない場面も多く、そうした場合、多くの納得や共感を与えられるか否《いな》かが、霊能者や占い師の人気を決定することになる。

実際、現場においては、問題を解決できればいいのであって、方法は占いでもカウンセリングでも構わないのだ。殊《こと》に現代の日本においては、クライアント自身が霊能的な精度より、人柄に頼る場合が多い。町で看板を出している占い師達も、その求めに従っていかざるを得ないというところだろう。

ただ、ここでは飽くまでも、彼らの「能力」を問題にしたい。そして、できれば、そういう世界の真実を少しなりとも解明したい。

霊能者という立場になくても、そういうものに触れる人達はいる。宗教関係者がそれだ。

霊能者の中には、篤《あつ》い宗教心を持っていない人も沢山いる。にもかかわらず、ほとんどの霊能者は神仏を語る立場にある。

では、逆に、宗教者らは霊能をどういうものだと捉えているのか。また、神仏をどう捉えているのか。私はそれにも興味を持った。

最近の僧侶《そうりょ》や神官の中には、心霊・神仏を信じてないと憚《はばか》ることなく言う人もいる。しかし、本来は彼らこそ、神仏という目に見えない存在なくしては成立し得ない職業だ。親から嗣《つ》いだ仕事だと割り切っている人もいようが、そういう人は、私にとっては、たとえ如何なる事情があろうと、神官でも僧侶でもない。ただのコスプレ・サラリーマン。

もっと言うなら、詐欺師に近い。

なぜなら、彼らのほとんどは相応額のお金を取って、祈禱《きとう》や供養《くよう》を行う立場にあるからだ。そのときの祈るという行為の中に何も入っていないなら、それこそエセ霊能者より始末の悪いものになろう。

そういう贋物はさておいて、まともな宗教関係者達は神や仏をどのようなものと捉えているのか。自分には霊感などないと言い切る方も多々いるが、ならば、彼らはどこで神仏を信じる——あるという、その確信を得たのだろうか。また、祈禱の力というものを如何なるものと見なしているのか。

数々の疑問を解くために、私は直接、彼らに会い、加工のない生の言葉を伺ってみたいと考えたのだ。

インタビューに当たっては、当初、私は肯定も否定もしない中立を守ろうと考えていた。しかし、実際、様々な方の話を聞く内、その面白さにのめり込み、我を忘れてしまった感がある。中立的な立場を取るには、私自身、そういう世界を愛し過ぎていたということだ。

ただ、私がインタビュー中、どんなに夢中になっていようと、紹介した方々すべてを、手放しで本物だとは言わずにおきたい。もちろん、私自身が手応《てごた》えを感じた方々ばかりだが、彼らの話をどう取るかは、読者の方にお任せしたい。

正直、取材は難航した。

殊に女性霊能者はガードが堅く、多くの方に断られた。

今の日本における扱いを思えば、警戒心が強くなるのは仕方ない。霊能者は感受性の商売だ。個人で仕事をしている方ほど、後ろ楯《だて》がないゆえに、バッシングは怖いに違いない。

従って本書はまさに、ご縁を頂けた方のみを紹介する形になった。多少偏《かたよ》りが見られるが、その点は現代日本社会の弊害の結果と思って頂きたい。

とはいえ、縁があるならば、誰でも良かったというわけではない。

選択に当たっては、私なりのルールに従った。

ひとつは、その方独自の世界観を持ち、その中で筋が通っている人。途中で意見が変節したり、ごまかしのない人を紹介した。

また、霊能者においては単純に「なんでもできる」という人は排除した。先祖もわかれば、未来もわかる。術もできれば、祓《はら》いもできて、神仏をも招喚できる……そういう人は結局、心霊以前に自分のことが見えていない。ゆえに「できません」「わかりません」という言葉を持っている方を選ぶようにした。

インタビュー方法としては予《あらかじ》め、三五〇項目以上の質問を用意し、それに沿って、お答え頂く形を取った。インタビューで複数の人に同じ質問が繰り返されるのはこのためだ。世界観の差異により、答えが異なる問いに関しては、特にしつこく紹介した。

また、霊能者の方には事前に、何ができるかできないかを問うチェックシート（例・先祖の因縁《いんねん》がわかりますか／土地の祓いができますか）を用意して、可能と答えた部分に関して、詳《くわ》しく訊くことにした。

修験者《しゅげんじゃ》さんやユタさん等、伝統的な宗教関係の方や、ある程度、職分・技能が明確な方にはそれは行わず、別途、職能に沿った質問をぶつけた。

回答者によって時間が限られている方や、言葉の多い方、少ない方のばらつきが出たため、原稿枚数にも多少があるが、その方ならではの体験や考え方を重視して、紹介するように努めた。

ゆえに、正反対の解釈を語る人も並列して出る。だが、私はその中にこそ、彼らの世界の真実が含まれていると確信している。

改めて言う。

本書は霊能力の肯定を促すためのものではない。

ただ、もう少し風通しを良くしたいという気持ちは持っている。

だからまず、楽しんで頂きたい。そして次に、こういう世界に生きる人がいるのだ、と認識して頂ければ幸いだ。

プラスへ導くポジティブ能力

ハマサイ氏（超能力者）

＊　＊　＊

ハマサイ氏は霊能者とも超能力者ともつかない方だ。

伺ったところによると、幼い頃《ころ》から不思議な体験はあったものの、氏が己の能力を自覚したのは、三十代になってからだとか。四十代前半の現在、氏はそれらの能力を用いて、カウンセリングやヒーリング、潜在能力開発講座を開き、テレビなどにも出演している。

いわば、ここ十年で、社会的な実力をつけた方と言っていいだろう。

そんな氏の能力を具体的に示す例がある。

数年前、霊能肯定派・否定派のバトル番組に、ハマサイ氏が出ていたことを記憶している方もいるだろう。

年に一、二度、定期的に行われている番組だが、大概は怒鳴り合っている暇に、物別れに終わる番組だ。以前、聞いたところによると、あのテの企画は肯定とも否定とも言い切らないで、終わらせるのがセオリーなのだとか。

そういうことで、番組自体は完全な霊能力肯定にはならなかったが、ハマサイ氏はそこでなんと、否定派の雄・早稲田大学の大槻義彦《おおつきよしひこ》教授に挑み、黙らせてしまったのである。

氏は教授がゴルフクラブを沢山持っているのを見抜き、そのヘッドカバーを当て（日本では売ってないものだと、教授自身が言っていた）、ウエストを細くするという実験においては、見事、ものの五分で大槻教授のウエストを細くすることに成功した。

テレビを通して、教授の困惑ぶりを目にした私は、それこそ、してやったりという気持ちになったものである。加えて、物怖《ものお》じしないハマサイ氏の能力にも驚かされた。

この人はどんな感性を持ち、己の能力を如何《いか》なるものと捉《とら》えているのか。

好奇心に動かされ、私はハマサイ氏に会った。

そして、氏の個性的な世界観を伺うことが叶《かな》ったのだ。

悪いものは見えない

加門　最初に、自分が一番疑問に思っていることをお伺いしたいと思います。私が霊能者の方々に感じる一番の疑問は、言うことや見え方が本当にまちまちだということなんです。お知り合いにも、サイキックの方がいらっしゃると思うんですけれど、人によって能力の差のみならず、霊や神仏の捉え方や、それらが構成する世界観も全然違いますよね。なぜそういう差が出てくるんでしょう。

ハマサイ　いろんなタイプがいないと困るみたいですね。

加門　誰《だれ》が困るんですか。

ハマサイ　周りの人が、です。能力者って、一定の距離を保って、きれいに分散して存在するようにできている感じですね。同じタイプの能力者で、非常に距離が近いというのを見つけるのは困難です。なかには「お前は詐欺だろう」というような霊能者もいます。けれども、その人に救われたと思う人もたくさんいるからこそ、その人は成り立っているんです。

加門　なるほど。では、能力の差は？　どうして、さまざまなタイプがあるんでしょう。

ハマサイ　本音はみんな同じなんだけど、ケーキのスポンジの上に載っているデコレーションが違うと、表面が違って見えることがありますね。ひとりの人間としては「いや、たまんねえよな、あいつ」というのはいたりします。しかし、本質はよくわかっていて、同じだよなということもある。

デコレーションが違っているから「あいつはこうだ」とか言ったりすることはありますけれど、この差は人間が持った本質なので、仕方ないなと思います。人間という形を取っている以上、共通するものはあるはずです。でも、その上に載っているもので、いろいろな違いがあるのも確かです。

加門　ハマサイさんは、一般的に言うところのお祓《はら》いとかはなさるんですか。

ハマサイ　正直にお話ししますけれども、僕の目には悪いものというのは見えたことがないんです。人生上でも、全財産がなくなっちゃいそうだとかいう相談を持ち込まれても、その体験が必ず後になって、ものすごくプラスになって使えるので、僕にとってはネガティブな要素とは思えないんです。

今、そういう現象があるのだったら、そこからどうやって前向きに組み立てていこうかとか、そういう考え方の方向性を示したほうが、結果が出る。だから、対症療法みたいに、今はこれこれの状態になっていますから、それを治しましょうといって、お祓いをするというのではなくて、こうした現状になっているのは、何か理由があるのだから、今から何ができるか探そうというのが、僕の仕事のスタンスなんです。そのために能力を使うんです。

加門　じゃあ、人生上に悪は存在しないと？　絶対的な意味での魔というのもいないというお考えですか。

ハマサイ　いえ、それはあります。憎しみを集めてきたものというのは、ちょっと手に負えないよな、と。

加門　存在すると？

ハマサイ　思います。念を集めてきたという感じですね。場だったり物だったり、種族だったり。みんなに罵声《ばせい》を浴びせられて、念を込められてきたら、魔になる可能性もあるけれども、僕はそういうところとは縁がないので、見たことはないんです。

加門　キリスト教的な言い方をすると、神と悪魔という二元論がありますよね。

ハマサイ　僕も最初のうちは、これは魔であるとか考えていろいろやりました。また、魔とか悪とかを管理しているのも神様ではないのかしらと思ったりもしたんです。それで、悪いものを排除しなければならないと思って、ヒーリングしたり、憑《つ》いているものを取り除いたりしていましたが、結果は出るには出るんですが、やればやるほど、根本が逃げてしまう。無限なんですよ。

加門　それをどのような経緯で、「ない」と思い至ることができたんですか。

ハマサイ　たしかに、最初の頃《ころ》は「うーん、何かが憑いている」というときもあったんですけれども、そのうちに意味がないと気がつきました。例えば、「私のトラウマは、こういうことなんです」と言われて、ああ、そうですかと、どんどん掘り起こしていくと、トラウマなんていくらでも出てくる。挙げ句の果てに、前世《ぜんせ》がどうだとか言い始めるじゃないですか。で、これは前世のカルマと言います、とか言って……。

最初からあるものは取り除けません。だから、物理では氷が解ける温度――水が凍る温度を零度に設定して、そこから下はマイナスとするのだけれども、僕はその起点を、マイナス二百七十三度の絶対零度に設定しちゃうんです。すると、全部プラスになる。そういうふうに、トラウマだろうが、カルマだろうが、ちゃんと自分の城の土台に全部組み込んで、その上に、何をどうやったら、一番面白く組み立てられるか考えようよ、と話をするんです。

実際に、障害を持った患者さんが、医者から回されてくることもありますが、彼らに「その経験は生かせるんだ」と言うと、目の奥が輝くんです。「私は生きていてはいけない人間だと思っていた」と。いや、そんなことはない。その経験は使えるんだ、と。例えば、こういうことをやってみろ、ああいうことをやってみようとか、すぐに見つからない場合は、少し通っておいでと言うと、しばらくするうちに生き方が見つかってきて、バリバリ行きますね。

僕たちは……というか、世間で言う霊能者の世界というのは、これがいけない、あれがいけない、風水上これはよくない、星回りがよくない、名前がよくないとか、マイナス面、よくないことばかり言いますけれど、では、どうすればいいのか。みんな霊能者たちから言われたことを、ちゃんと守るようにしているけど、それでは全然、変わらないんです。

加門　たしかに、仰《おっしゃ》るとおりかもしれませんね。

死神は無愛想な天使!?

ハマサイ　実は僕、死神を見たことが三度ぐらいあるんですよ。黒い頭巾《ずきん》を被《かぶ》って、真っ白な顔で、骸骨《がいこつ》のような感じで鎌《かま》を持って……本当に絵のままなんです。で、最初に見たのは、父の病室でした。父親はチューブをつけていて、「はー、もうだめだよ、はー」とか言っている。その隣に立っていたんです。うわっと思ったけど、せっかく見えたんだから、訊《き》いてみようと思って、「すみません、すみません、死神さんですか、少しお話ししたいんですけど」と言ったら、ギロリンって睨《にら》んで「うん」と頷《うなず》いた。ああ、一応話はできるんだと思って、「あなたが死神さんですか」と訊いたら、「世間ではそう言われている」と言うんです。

ああ、ヤバいぞ、うちの親父《おやじ》は本当にヤバいんだと思って、「あなたはここで何をしているんですか」と言ったら、「守っている」と言ったんですね。「あれ？　うちの親父を連れにきたんじゃないの？」「それは違う人。私の仕事は、守る仕事」。すごい無愛想なんですよ。無愛想で、ひと言ひと言しか言ってくれないんですけどね。で、「何から守っているんですか」と尋ねたら、「いたずらするやつ」と。「どうして、いたずらする者がやってくるんですか」と訊くと、人間は死線をさまよったときに、自分の魂《たましい》を防御するものが緩《ゆる》くなっちゃう。そのとき、生きている人の想念や何かが、直接、働きかけやすくなってしまうので、そういうのが入ってこないように、そこに立って守っているんですって。

「ということは、死にそうな人のところには、あなたがいるわけね？」「そう」「死んじゃったら、あなたが連れていくの」「それは、違う人が連れていく」と……。ああ、なるほど、死にそうな人の側にいて、その人が現れると死にそうだということで、死神なんて思われちゃったんだ。でも、その人が首を刈って持っていくわけじゃなくて、そこに立っているだけなんだ、と。それでさっき、死神さんですかと訊いたとき、「世間ではそう言われている」と答えたでしょ。だから「あなた自身は、一体何者なんですか」

と尋ねたら、「天使」と答えたんですよ。

加門　へえ？

ハマサイ　マジか？　こんなのいるのかと思った。

加門　うーん。いい、お話ですね。

ハマサイ　訊いたら、スペシャリストなんですって。それを専門の仕事にしている、天使なんです。笑わないんですよ。びっくりしました、本当に。

だから、設定温度を変えたんです。それで、さっきの死神のように、どういう理由でそこに存在するのかというのを考える。善《よ》し悪《あ》しは別に、理由を探ったほうが早いと思ったんですね。そうやってきたなかで、僕の目には悪というものが存在しないという結論に至ったんです。

加門　なるほど。でも、私なんかはやはり、すべてを肯定的には捉えられないんですが。ハマサイさんは、世界はどう捉えるべきだと思いますか。

ハマサイ　たしかに我々の世界はいまだに弱肉強食だし、安全など全然ない。いってみれば、ひとつの大きな山なんです。古木になって、倒れていく木もあれば、苔《こけ》が生えたり、虫が湧《わ》いたりする木もあるし、今、まさに芽が出た木もあるし……と、みんなが渾然一《こんぜんいっ》体《たい》になって生活していて、そこにはどこにも不公平はないんですよ。

その世界のなかで、僕は蟻《あり》かもしれないし、苔の菌糸の一本かもしれない。でもわずかだけど、そんな森のなかにも薬草があったりするでしょう。世界って、何か、そういうものじゃないかなと思っています。

加門　そういう世界観は、キリスト教、仏教といった宗教によって大いに違いますね。その差はどう思いますか。

ハマサイ　それは政治的に作られたものだと思います。そういう宗教を利用することで、いろいろなメリットがある人たちが組み上げてきたものが、それぞれ違うというにすぎない。

加門　根幹はひとつだと。

ハマサイ　そうですね。

加門　死神の話が出ましたが、そういうものをご覧になるときは、視覚で姿を捉えているんですか。

ハマサイ　いえ、イメージです。どんな感じかというと、現実に目で見ている景色のなかに思い出の人物のイメージが重なるときがあるじゃないですか。ああいうふうに見えるんです。

加門　声とかもそういう感じですか。

ハマサイ　はい。

加門　あの人が昔、ああ言っていたな、という感覚で？

ハマサイ　ええ。イメージのなかで喋《しゃべ》ってる感じってありますよね、あれです。だけれども僕の場合は、どちらかというと、耳で聞くというよりヴィジョンのほうが強い。例えば、スパゲッティナポリタンが見えたりとか、サンマの塩焼きが見えたり（笑）。映像をぱっぱっと見せてくれて、それがサアッとつながっていくと、ストーリーが出来上がっていき、ああ、この人は昨日、あれとこれを食べたんだ、と（笑）。

加門　そういうヴィジュアルがひとつひとつ、コマの抜けた漫画のように……。

ハマサイ　見えることがありますね。

加門　それをつなげて、因果《いんが》というか、原因を探していくという感じなんですか。

ハマサイ　そうです。

神は己のなかにある

加門　少し抽象的な質問になるかもしれませんが、魂とはどんなものなんでしょうか。

ハマサイ　うーん……。

加門　霊と魂は違うんですか。

ハマサイ　魂は学習するもので、マイナスになることのないもの、すべてがプラスに転換された経験の塊《かたまり》のようなものですね。個体として、意識を持っているものではないです。

加門　意識はない？

ハマサイ　我々が思うような認識だとか、意識を持っているものではなくて、学習の塊のようなもの。

加門　じゃ、よく人魂《ひとだま》が飛んでいるとかいうのは、あれは魂ではない？

ハマサイ　あれは大槻教授に訊いたほうが早いのではないかと思います。

加門　プラズマ？（笑）

ハマサイ　本当のことはよくわからない。人魂を見たことがないので……。

加門　あ、そうですか。

ハマサイ　見たことないんです。

加門　では、神様は？　死神という天使の話が出ましたが、神仏とか、当然そういう存在はお信じになっている、あるものとしていらっしゃいます？

ハマサイ　うん。ほんとに、神様というのはいるんです。

僕自身、神様ってなんだろう、どんなものなんだろうと一所懸命探した時期があって、ちょうどその頃、自分の体から意識を抜け出させてどんどん旅することを覚えたものだから、すべての中心に向かっていこうと思い、実際にやったときがあったんです。きっと、真ん中にすべてを支えている神様がいるんじゃないかと思って。

それで中心を探してどんどん行ったときに、観音様《かんのん》がいたんです。大船《おおふな》観音みたいに非常に巨大な。でも、観音様は神様のひとりかもしれないけれども、唯一絶対ということではないというのが、直感的にわかりました。それで、どうも失礼しましたという感じで、次に中心ではなく、外へ向かっていったんです。果てしなく外へ向かうことによって、今度は、全体を見通している誰かの目を見られるかもしれないと思ったんです。

そうして、真っ直ぐ宇宙の外へ向けて出ていったときに――僕、瞑想《めいそう》というのはやらないんですけれども、そのときは瞑想状態になって、後で時間を見ると八時間ぐらいの旅だったんです――、最終的にいくつもの宇宙を通り抜けて、さらにその宇宙銀河団だとか、宇宙群みたいなものを飛び出して、辿《たど》り着いた果てが自分の胸の細胞で、そこから自分がぽんと出てきた。全部、ぐるっとつながっていたわけです。自分のそこが、最大の極みにある神様だったんです。

加門　ほう。

ハマサイ　後で知ったのですが、新約聖書に、「人とは神の宮である」と書いてある。宮というのは、神が住む場所ですね。体のなかに神そのものが住んでいるんだと書いてある。

日蓮《にちれん》の言葉にも、「仏とは胸中の肉団にあり」とあって、神は胸の中にあると書いてある。なのに、なんでみんな、神様は空の彼方《かなた》、天高くにいると教えるのかなって思います。神様というのは、生きている人間ひとりひとり、そのものなんですよ。だから、僕がリーディングをやるときには、神様というのをどの辺りに設定して、どの辺りの人の言葉を聞きましょうか、ということになるんです。

加門　なるほど。神は己のなかにある、ということですね。でも、霊能者のなかには、特定の神様に話を聞いてみましょう、という方もたくさんいますよね。お客さんでも「横町のお稲荷《いなり》さんにお願い事があるんだけれども、じかに話したい」とか来ませんか？

ハマサイ　そのお稲荷さんが特定できるんだったら、訊きますよ。「お稲荷さん、すみません、今うちのお客さんがこう言っているんですけれども、どうしたらいいでしょうか」って。

加門　答えてくれます？

ハマサイ　はい。でも、方法があるんです。神様のお参りの仕方で、二礼二拍手一礼とか言いますけれど、あれはチャイムの押し方を言っているだけで、お賽銭《さいせん》を入れて、鈴を鳴らして、パンパンとやればオーケーかというと、それは違うんです。そこまでだと、玄関の外で、「神様、よろしく。じゃっ」と言って行き過ぎちゃうのと同じで、ドアを開けて中に入って、「すみません」と神様を呼び出さなければいけない。顔を見合わせた段階で、「これとこれとこれをお願いします」と言わないといけないんだと思うんです。

これ、僕が最初の頃、ちょっとハマった方法なんですけど、お宮さんを回ったとき、たとえ扉が閉まっていても、奥にある鏡、ご神体ですね、その世界のなかに入れてもらうんです。意識でどんどん奥に入っていくと、そのうち中から、「はい」と神様が出てくる。

女性の神様だったり、男性だったり、甲冑《かっちゅう》を着ていたりするんですけれども、「すみません、お邪魔します」と。「理由があったわけではないんですけれども、ちょっとご縁を感じて、立ち寄ったんです」とか言うと、「おお、そうか、じゃ、こうでこうで……」と話をして、「では、失礼します」ということになるんです。僕のこういう能力は、そういうことの積み重ねでできたようなものなんです。

加門　お寺はどうですか。

ハマサイ　お寺さんは、いろいろなお寺さんを覗《のぞ》きに行きましたし、出会いもありましたけれども、仏像自体にそういうものの存在を感じたことはないです。

加門　どっちかというと、神社系とのご縁が深いんでしょうか。

ハマサイ　そうですね……。僕の四代前というか、母方の本家筋というのは、実際にお堂があって、そこにお不動《ふどう》さんが祀《まつ》られていて、地元では有名な寺だったらしいです。

加門　では、お血筋に、そういう力を持つ方がいらっしゃったと。

ハマサイ　三十四、五歳ぐらいのときに、初めて知ったのですが、母の本家筋は、実はそういうお寺さんをやっていて、祖母の兄にあたる人は緋《ひ》の衣を着た、天台密教《てんだいみっきょう》の僧正だったんです。この人は食事の途中に突然、神の託宣《たくせん》を言うような人だったらしいんです。祖母自身も含めて、一族みんな、そういう能力があったらしくて。

加門　母方のほうが。

ハマサイ　はい。これはあくまでも主観ですが、たいていの能力者は母系で出る感じがします。父方から伝わってくるものは、体質であったり、考え方だったりするんですけれど、母方からは、本質そのものが伝わるような感じがあります。
　細胞のなかにある遺伝子という意味では、ミトコンドリアが影響しているんじゃないかと思いますね。母方からしか伝わらない染色体を持っていて、父方からは絶対入らないものなので。

加門　そういう、霊能というのは何だと思います？

ハマサイ　もともと備わったセンスじゃないかな。

加門　当然ある人、ない人がいますね。どういう力だと言えばよろしいんですか。

ハマサイ　才能。歌がうまいとか、絵が描《か》けるとか、そういうのと同じもの。

加門　ハマサイさんはご修行などは、なさったんですか。

ハマサイ　はい。伊豆《いず》の山に行って滝行をやったり、断食したりとか、真冬に川の中にドボンと入ってみたり。

加門　ご自分ひとりで、やられたんですか。

ハマサイ　ええ、真似事《まねごと》ですけどね。ただ寒いばかりで、滝なんて本気で入れないですよ。氷柱《つらら》なんか下がっていると、うわ、だめだ〜って言って、チョロチョロっと流れているところに入って、滝行の真似事とかやったりしました。

加門　私、ひとりで滝行をやっている若い男の人を見たことがあるんですが。もう、それに耐えるのが精一杯で、真言《しんごん》唱えている声が裏返っていて、見ていて、むしろ可哀相《かわいそう》で（笑）。

ハマサイ　ほんとにそのとおりで、自己満足の世界だと思いますね。ただ、ある日、ものすごい水量の滝の端っこに入っていたとき、岩の上に、白装束で、笠《かさ》を被《かぶ》った修験者《しゅげんじゃ》のような人が立って、ニコニコしているのが見えたんです。その後、ああ、今日も冷たいし、寒かったな。なんで俺《おれ》、こんなことやってるんだろうと言いながら、タオルで体を拭《ふ》いていたら、突然、涙がガーッと溢《あふ》れてきて……。なぜ泣いているのか、わからないんですね。その理由を一所懸命、自分のなかに探していくと、どうも感動しているんですよ。

何に感動しているんだろうと思いながらも泣いていると、周りの風も、枯れて貼《は》りついている葉っぱも、川の音も、飛んでくる飛沫《しぶき》も、足元にある石も何もかも、存在するもの全部……今まで食べてきた食べ物、魚、肉、全部ひっくるめて、認識できるもの、できないもの、あるもの全部が、たった一人の僕が存在するために、そこにいてくれたということに気がついたんです。

ところが、体も含めて、意識だけが自分のことを嫌っていた。すべてのものが、僕のことを大事に、こうやって置いてくれているのに、この意識の僕だけが、僕を嫌っていたんですね。それに気がついたときに、なんて自分は申し訳なかったんだろうと思いました。足元で踏まれて死んでいくアリンコだとか、食べられていくサンマだとかが、無言でその役割を果たしてくれているのに……。それに気がついて感動したんだって、わかったんです。あれ以来、滝行しなくなりました。自分を苛《いじ》めてどうするんだみたいな。

守護霊とは対等に

加門　ちょっと話が飛びますが、もう少し霊能について質問させてください。ハマサイさんが〝ガイド〟とお呼びになっている存在、一般的に守護霊と呼ばれているものは、どんな存在なんでしょう？　頼れるもののように言われていますが。

ハマサイ　ガイドだからといって、すべてを訊くと、彼らは正確な答えを返さなくなります。努力して、努力して、努力して、この先はどうしようといったときに、ものすごい正確な情報が来る率が高くなりますね。その辺をガイドに「何でだよ」と訊くと「自主性というか、自立しなきゃいけねえだろう」と言われる。そりゃそうだよな、と思いますけどねえ……。

畜生ーっ、みたいなこともありますよ。この間も、オートバイで一人で走ってて、お腹空《なか》いちゃったなあ、ああ、あそこにあるマックにでも入ろうかなと思ったら、突然「一時二十分まで待て」と言う。そんなこと、訊いてないんですよ。でも、待てと言うなら、待ってみようかと。それで走っていくと、一時十五分ぐらいになったら、もう町がなくなっちゃって、周りはただの水田なんです。やばいなあと思っていたら、一時十九分ぐらいに、急にちっちゃな町が出てきて、一時二十分になったら、「お、吉野家だ」と。「丼物《どんぶりもの》だ、これか」と思ってね。店に向かっていったら、「来週土曜日開店」て、書いてあるんです（笑）。

加門 ひどい（笑）。それは一体、何だったんですか。

ハマサイ 意味がわからないです。でも、はっきりと声で「一時二十分」って。

加門 で、お昼を食べ損ねたんですか。

ハマサイ その先へ行ったら、一時半ぐらいになったときマックがあった。

加門 手前で入ってても、同じ。

ハマサイ 同じ（笑）。

加門　ガイドも失敗したとか思ってるかもしれないですね。「あっちゃー、来週開店か」って（笑）。

ハマサイ　そうやって、遊ばれることもあります。大事なのは、チャネリングだとかリーディングだとかが始まったとき、または使えるようになったとき、やっぱりガイドさんだから、言っていることは正確であるだろうという思いがありますよね。でも、そうは思わずに、対等だと思ってください。ガイドは崇《あが》め奉《たてまつ》る対象ではないんです。主体は我々にあります。だから、たまに頭下げたり、すいませんと言うときもあるし、ありがとうございますと言うときもあるけど、何か言われても、嫌だと言うときもあるんです。

加門　個人的なことになりますけど、何かご自分にコンプレックスってありますか。

ハマサイ　あります。なんで普通に生活ができないのかって、ものすごく自分を責めます。

加門　普通の生活をなさっていないんですか。

ハマサイ　例えば、いろいろなことがわかるし、人のこともよくわかるので、商売とかできるはずなのに、興味が続かないんですよ。みんな途中で飽きてしまう。以前、この能力が出始めたときに、でも、これでは食ってはいけないだろうと、一度、ちゃんと就職したんです。その就職先でも、ずいぶん大事にしてもらって、黙っていれば、上まで行けたのだろうと思うのですが、どうにも我慢できなくなるという。

加門　つまんなくなっちゃうんですか。

ハマサイ うん（笑）。すごい切ないし、コンプレックスです。勉強できない、持続力がない、興味が湧かない。すごいわがままですよね。

加門 では、逆にどういう人間になりたいですか。理想の人って、どういう人間なんでしょう。

ハマサイ できるできないは別にして、理想としているのは、海とか山とかで漁に出たり、畑を耕したりしながら、家族を大事にしている漁師とか農家の人。淡々と続けられるあの生活が、ものすごく尊いものだと思います。僕にはできないですけどね。小学校を卒業するときの作文で、僕は将来マイホームパパになりたいって書いたんですよ（笑）。

加門 それは珍しいですね（笑）。けど、そういうコンプレックスがあると、ご自分の能力そのものにも、疑問を持ったりしないですか。ただの誇大妄想だとか、統合失調症じゃないかとか。

ハマサイ それはいつも思います。俺っておかしいよな、と。だからこそ、できるだけ検証するようにしているし、難しい言葉で相手を煙に巻かないようにしているし、できないときは謝るし、できそうなときはうーん頑張れるかもとか言う。実際に、自分の頭を疑ったりもします。全然、外れていることを言ってしまうこともあるから……。そのときに、ああ、何かやっぱりおかしいのかな、と思うときはありますけれど、意外と後日「忘れてましたけど、実はあのとき言われたとおりにやってみたんです。そしたら……」

とメールをもらったり、電話をもらったりすることもあったりします。

基本的には、おおよそ、こういうふうに感じたときには、現実に何かがあったらしいぞ、こんな傾向があるのかな？　というような、微妙なところで仕事をしているので、あんまり自信がないんですよ（笑）。ほんとに、これは逃げで、物事を断定せずにお話ししているわけじゃなくて、一番正確なところをお話しすると、どうしてもあやふやになってしまうんです。

プロは結果を出してこそ

加門　ハマサイさんは、ホームページで「超能力は誰にでもあるもの、普通に使っているもの、気づいていないだけ」と記されてますね。実際に、能力の開発講座もなさっていますけど、さっき、センスだと仰ったように、全然、素養のない人とかも正直、いるんじゃないですか。

ハマサイ　います。考え方に幅がなかったりとか、物事を決めつけすぎたりという人。自分では考え方が柔らかいと思っているけど、本当は硬いという人は、難しいかなと思います。

加門　そういう方には、はっきり仰る？

ハマサイ 硬すぎる人というのも、目の前、または自分の心や体のなかで変化が起きると、急に開くという可能性もあるんですけどね。僕のところに「私もヒーラーになりたいです」という人が来たときに、「なぜそういうことをしたいのですか」と訊くと、多くの人は「私は恵まれていなくて、体が弱くて」とか「こんな辛《つら》いことがありました。だから、能力を身につけて、自分が癒《いや》されたら、みんなにも施していきたいです」って言うんです。

でも、その段階でアウトですね。ほんとにヒーラーになりたいのだったら、自分が壊れていようが、苦しかろうが関係ない。「目の前にいる人が、その人が幸せになってくれればいいと思えるのだったら、あなたはその瞬間からヒーラーになれるのに、なぜ自分を最初に持ってくるんですか。そういう人が、目の前で苦しみ、藻掻《もが》いている人を救えるんですか。能力があるないではなくて、今の自分が一体、何ができるかを探せる人だったら、すぐに能力は身につきますよ」と言いますね。

加門 でも、人が幸せになっても、自分が辛いのは苦しいですよね。

ハマサイ 本音に忠実であれば、大丈夫です。この間来られた方で、クリスチャンの方がいたのですが、とにかく善を施すんです。でも全然うまくいかないし、心身症を引き起こすぐらいの状態になっちゃっている。これは善を施すということが、仕事になっているからなんです。彼は、本当は自分が幸せになりたいのに、それを押し殺して善を施すからそうなるんです。
　つまり、本音と隔たりがあればあるほど、結果は反対の方向に出る傾向がある。世の中で成功して幸せな人は、意外と自分中心でわがままです。わがままとはどういうことかというと、自分の本音に忠実なことです。これが嫌いとか、あれがしたいとか言って、周りのみんなを巻き込んでいくのですが、それを貫くぐらい、自分に信念があるかどうかです。
加門　例えば同じ開発をしても、ここまで伸びる人もいれば、ここまでしかいかないという方もいらっしゃるんじゃないかな、と。
ハマサイ　います。
加門　その原因は？　やはりセンスですか。
ハマサイ　もしかしたら、遺伝的なものや体質なのかもしれないし、その人の興味の持ちぐあいなのかもしれない。興味といっても、思い込みの興味と、内から湧いてくる興味とは違いますから、その違いはあるだろうと思います。でも、諦《あきら》めない覚悟をしてほしい。他人と同じ時間やったのに、うまくいかなかったなんて考える必要はなくて、もしかしたら三十五年後にズドーンといくかもしれない。時間という概念を捨ててほしいなと思います。時間なんかいくらでも間延びするし、いくらでも圧縮できる。それぐらいの余裕を持てたらいいなと思います。

加門　そうやって育てていくと、能力が開花してきますよね。そうすると、それに伴う危険とかも出てくるんではないかと思うんですけど。

ハマサイ　副作用としては疲れやすくなります。人混《ひとご》みに行けなくなります。会社での仕事が苦しくなります。がらがらのお店に入ったとしても、その人が入ることによって店が混雑したりとか、そういうことありませんか。あるでしょう？　あれは気というものが、その場所から発せられているため、闇夜《やみよ》のランプに集まる虫のごとく、意識しないで人が集まってきちゃうんです。

これはどこの国に行っても同じです。僕がレジに並ぶと、後ろにずらっと人が並ぶ。つまりエネルギーに人が集まってくるので、逆に言うと、みんなに自分のエネルギーが分散していく。だから、すごく疲れやすくなるんです。お祭り騒ぎのなかへ出ていったり、合コンをやったりとか、ああいうところへは苦しくて行けません。

加門　大変なんですね。しかし、ハマサイさんと同じような霊能力を持っていてもプロになる人とならない人っていますよね。その差というのは一体、どこにあるんですか。

ハマサイ　自分の道がここにあるなと思えるかどうか、というのがありますね。実際、セミプロまでは思い込みのオタクの集団のなかで食べていけます。でも、プロになると、こういう世界に興味もないし、関心もないという人たちとの接点が増えます。そこでちゃんと結果が出せるかどうかが問題ですね。

加門　セミプロというのは？

ハマサイ　ネットで「精神世界」を検索すると、いろんなグループが出てきますね。その人たちは、そのグループでの共通言語や考え方を持っている。そのなかにいて、そのなかの人たちからお金をもらっている人たちはセミプロだと思います。けれど、彼ら、彼女らを引っ張り出してきて表に出すと、一切、喋らなくなる。だけど、プロはどんな否定的な人がいようが、大勢の前だろうが関係なく、それを表現することができなければならない。セミプロを含めた大概の人は、およそ、ひとつの集団のなかで生きている感じがします。もちろん、実際に能力のある人もたくさんいるんですが、連帯意識を持つためのオタク集団になってしまっている場合が多い。そのなかに取り込まれると、世界が狭くなりますね。

「どこそこ先生のところにいくら払って、講座へ行きました」とか「私は何とか協会のメンバーです」とかと言うのはオタク。オリジナルではない。もちろん、本人がそれで満足しているんですから、それはそれでオーケーだと思いますが、実際、そこから外に出ると、そういう人たちは一切喋れなくなるんです。

加門　共通言語がないと、だめなんですね。

ハマサイ　そうです。つまり世界が狭い。プロになると、場合によってはテレビカメラの前に曝《さら》されますからね。それでも、結果を出せないといけない。

加門　では、最後に。二十一世紀が終わる頃……と、一応設定しておきますが、そのとき、こういう霊的な世界、あるいは霊能者の存在はどうなっていると思いますか。

ハマサイ　あまり変わってないと思います。キリストが出たり、イスラーム教が発生したり、お釈迦《しゃか》様が現れたりという時代から、近年のサイババとか何かとか、何千年もの間にいろいろな教祖様がたくさん出ましたけれど、何も変わってないじゃないですか。

霊能の世界というのはグレーゾーンというか、形がなくて、みんなが何かに憧《あこが》れたりとか、恐れ、畏怖《いふ》の念を持ったりすることに意味がある世界であって、表面的な形は変わったとしても、そういうふうに感じる人の意識、または社会のなかでの扱いというのは、人類が存在する限り、僕は変わらないと思います。

加門　なるほど。

ハマサイ　それだけ重要なんです。だから解明されてはいけないし、解明もできない。

加門　解明される必要はないと。

ハマサイ　ないですね。あやふやなほうが実は効果があって、あやふやにしておきたいというのが、実は総意なのではないかと思います。僕に、また大学へ行って、医師免許でも取って、心理療法ができるような医者になれば？　という話もあったりするんですけど、僕は超能力者でいいよと言います。相手に結果を出したいとか、自分が思うような仕事をするという意味では、超能力者でいるのが一番都合がいいんです。結果を考えると、医者の発言より、超能力者の発言のほうが重く受け止めてもらえるし、占い師よりは霊能者と呼ばれる人の言葉のほうが、重く受け止めてもらえます。

だから、百年経《た》っても二百年経っても、心の世界というのは、充分に存在するだろうと思います。そして、解明されないと思います。もし解明されても「ああ、こういう精神作用があるんだ。それは一体、誰がどうやって作ったんだろう。やっぱり神様がいるのかもね」というところで、落ちつくんじゃないかと思います。

インタビューを終えて

おどろおどろしい世界を想像していた方は、拍子抜けしたに違いない。ここまで前向きな考え方を持っている能力者に会ったのは、正直、私は初めてだった。

さすが、多くのクライアントと話をしてきただけはある。ハマサイ氏は心霊的な考え方をわかりやすく解説して下さった。

もちろん、氏の世界観の是非は個々の判断に委《ゆだ》ねる。が、冒頭、霊能者には「いろんなタイプがいないと困る」というお話と、最後、心霊的な事象は「重要なんです。だから解明されてはいけない」「あやふやにしておきたいというのが、実は総意なのではないか」という台詞《せりふ》には、私は深く頷《うなず》かされた。

こういう世界に興味を持ち始めて以来、私は私なりに勉強してきた。しかし、その世界観や考え方には本当に幅がありすぎて、追えば追うほど真実が逃げていくようなもどかしさがあった。

氏の言葉を借り、霊能を歌の上手《うま》い下手《へた》で喩《たと》えるならば、私は「曲は沢山知っているけど、音痴なんです」というタイプだ。そして下手の横好きとして、音楽論でも学ぼうかと思ったものの、テキストごとに天と地ほどの差異があるためにパニックを起こした人間だ。だが、ハマサイ氏の言葉を聞いて、「違う」「わからない」という部分にこそ、正解があると納得できた。

もっとも、この回答を言い訳と感じる向きもあるだろう。実は私もそう考えた。なぜなら、重要だから解明しないという言葉の裏には、真実は隠れ続ける――即《すなわ》ち「隠れたるもの」というオカルトの原義どおりの何かが潜んでいると感じたからだ。

深淵《しんえん》は永遠に見えないのかも知れない。それは頼もしくも愉快なものだ。私のみならず、多くの人が「隠れたるもの」に惹《ひ》かれる理由は、その深奥《しんおう》にこそ重要な何かがあることを、無意識にしろ、心のどこかで気づいているからなのかもしれない。

北の国から母なる神の声

木《き》村《むら》藤《ふじ》子《こ》氏（透視能力者）

木村藤子氏のお名前を知る人は多いに違いない。

＊　＊　＊

現在、青森県にお住まいの氏は、テレビにも出演なさっているし、キャリアも長い。卓越した透視能力を持ち、地元では「蛇のカミサマ、木村のカミサマ」と呼ばれている。

「蛇のカミサマ」と呼ばれる理由は、一九九〇年、地元の百貨店のイベント会場から逃げ出したニシキヘビの居所を、氏が透視で当てたことによる。私が木村氏の存在を知ったのも、まさに、そのニュースからだった。

今でも、鮮明に憶《おぼ》えている。蛇の脱走騒ぎは最初、淡々と社会面で報道されていた。それが発見と同時に、にわかにニュースの色が変わった。ワイドショーのなかでは何度も「霊能者」「透視」という言葉が飛び交った。だが、いわゆる一般のニュースでは「地元住民により発見」程度の報道しか流れなかった。私はそのふたつを見比べて、冷笑したのを記憶している。

今、考えれば、あれは画期的な事件だった。霊的世界が、柔《やわ》な合理的精神に殴り込みをかけた事件だった。「常識的」な現実に、木村氏は亀《き》裂《れつ》を入れたのだ。

——透視能力者はいるのだ、と。

以来、大袈裟《おおげさ》ではなく、私はずっと氏のことを記憶に留《とど》め続けた。皆が一時期、木村氏のことを忘れてしまっても、霊能の話が出るたび、折に触れ、私は蛇のエピソードを語った。ただ、木村氏本人に会えるとは思ってもいなかった。

その方が、今、目の前にいる。正直、不思議な感覚だ。

氏の笑顔は優しかった。しかし、

「私は今日は目的があって、加門さんにお会いすることにしたんですよ」

挨拶《あいさつ》ののち、切り出した氏の眼差《まなざ》しは、エネルギッシュな迫力に満ちていた。

そして、やや緊張する私を前に、木村氏は情熱的に、霊的世界について語り始めた。

この道に進むのが嫌だった

木村　今日は、どのようなお話になるのかはわからないんですけれど、一応神様に加門さんのお人柄とか聞いてきました。

加門　えっ？

木村　取材って気をつけないとね、本当に。面白半分にされても困るし。でも、変なことはしない方だと思いましたので、信じて来ました。

加門　ありがとうございます。

木村　でも、私は霊能者という言葉は大嫌いなの。

加門　皆さん、そう仰《おっしゃ》るんですよ。ほかの方々にもいろいろお話を伺っておりますが、ジャンルを超えて、「私は霊能者じゃない」と仰る方がすごく多いんです。それで「何とお呼びすればいいんですか」と伺うと、「いや、別に普通の人ですから」と（笑）。

木村　私もこだわっていません。私は今日は目的があって、加門さんにお会いすることにしたんですよ。

加門　木村さんご自身がですか。

木村　そうなんです。ちょうど今、「気づく」ということについて、深く考えていましたので、加門さんが文章にされたのを読んだ誰《だれ》かが、何かを気づくきっかけになってくれれば、と思いまして。何十年経《た》ってからでも、この本を誰かがどこかで探して読んで、何かに気づく。それだけでいいと思ったんです。そのとき、私の名前は何も必要ないんだと、そういう気持ちで参りました。

加門　ありがとうございます。ではまず、小さい頃《ころ》のお話からお伺いしたいと思います。主観で構わないのですが、幼い頃は、どんな感じのお子さんでした？

木村　平均的な、普通の子。ずっと、そう思っていたんです。ただ、大人になって我が子を育て、よその子供さんを見ているうちに、ああ、物の考え方が違っていたんだね、と。自分で言うのも変ですけど、すごく温かいものを持っていた子供だったと思います。意地悪もしないし、人を懲《こ》らしめるとか困らせることをしなかった。

それと、小学校のときからなんですけど、自分で理解できない力を感じてました。これも大人になって、この年になって過去を振り返ってですが。

加門　例えば、どんな？

木村　くだらない話ですが、ドッジボールやって、どんな球でも怖くなくて、摑《つか》めるとか。

加門　運動神経が良かったんですか。

木村　いや、全然。運動は嫌い。走るのも、鉄棒もまるでだめ。逆上がりもできない。でも、ゴム跳びだと、どんな高さでも怖がらずに跳べたし、跳び箱もいくらでも跳べそうに体が軽くて。また、そのときはわからなかったけど、将来の家が見えたりしてました。

加門　代々、下北《しもきた》のほうなんですか。

木村　元々は、うちは弘前《ひろさき》系統なの。

加門　お血筋とかに、やはり霊能力を持つ方はいらっしゃったんですか。

木村　うちの母が。それと、曾祖母《そうそぼ》。曾祖母は弘前で相当な家柄だったらしいんですよ。

加門　霊能的な意味ではなく、家柄が良かった。

木村　そう、すごい家柄だったらしいんです。母はこの下北に移ってのち人を助けながら、一所懸命信仰していたんです。ところが、当時の田舎……東北ばかりじゃなく、いろいろな意味で当時はね、誰かが具合が悪くなると、キツネだのタヌキが憑《つ》いたという愚かな話になって、ただの脳梗塞《のうこうそく》や脳溢血《のういっけつ》で倒れても、うちの母がそういうことをしたのだと。同業者がそう言って、潰《つぶ》そうとするんです。

私は今、メディアのおかげで助けられていますけど、当たれば、悪いこともできると思われる。

加門　たしかに、そう考えることも可能かも。

木村　いや、絶対、できないんですよ。本当の透視能力と除霊《じょれい》の力を授かる人は、いくら腹が立っても、人を助けるために神様からいただいたお力を悪用することは許されない。母は結局、そういう噂《うわさ》で相当叩《たた》かれたんじゃないでしょうか。でも、うちの母は、それについてひと言も、私にもグチグチ言わなかった。それはすごいと思いますね。

加門　地域的なお話ですけれども、こちらの下北は恐山《おそれざん》がすぐそばにあって……。恐山というと、私たちはイタコさんを想像しますし、差別的な言葉のようですが、ゴミソさんと呼ばれる霊能者もいらっしゃる。そういう伝統的なここの土地の方々と木村さんの立場というのは、一緒ではないんですか。

木村　まったく違います。

加門　じゃあ、本来、木村さんは、ここにいなくてもよかったんですか。地縁《ちえん》みたいなものとはまた別な形の能力なんですか。

木村　たまたまここにいただけです。

加門　なるほど。では、木村さんの力自体は母方の、お母様譲りなんですね。

木村　母の透視と私の透視は同じではない。時代によって、違うものを神が授けるんですよ。

加門　どう違うんです？

木村　神は人を助けるため、その時代に合う御利益《ごりやく》を授けます。戦争当時なら、そんな時代に合うものとかね。親子だからといって、それを引き継ぐことはできない。しかも、私はこの道に進むことを嫌っていましたので。

加門　嫌だったんですか。

木村　そう。母の生きざまとか、人の言葉に対して無念さを感じていましたから。まして田舎でしょう。そんな道は絶対、嫌だと。そこで、嫌だ、嫌だと言っているうちに、いろいろな、ありえないことが家のなかでガタガタ起きてきまして……。それで大変苦しみまして、死ぬや生きるまでいきました。それで、三十四歳のとき、今の娘がお腹《なか》で八カ月のときに、ルンルン気分で、私、死にに行ったんですよ。自分で車を運転して、海に飛び込めば、車が落ちたように見えていいじゃないって。

もう気持ちが疲れ切っていて、追い詰められていた。ところが、車を家から二キロぐらい走らせたら、目の前が真っ暗。突然、猛吹雪になって、一寸先も見えなくなったんです。恐ろしくて恐ろしくて……思わず夢中で、Uターンしたんです。そうしたら、晴れた夜空に星が出ていた。で、すべてを悟《さと》ったんです。神様は「私の人生は思うようにならないよ」と言うけれど、死ぬことさえも、私には許されないのかって。それこそ声を出さずに、一時間ぐらい泣いていましたね。家に戻ってからもずっと、泣いて。

それで次の朝、起きましたら、めったに叱《しか》らない母がきびしい声で「座りなさい」と。そして一冊の古ぼけた祝詞《のりと》を出してきて、「怠《なま》けているから、こうなる」と。「神様が人を助けるために、お前をこの世に出しているのに、嫌だ、嫌だ、と祝詞も暗記しないでいるから、こういう苦しみが続く。少し考えてみて」と、たったそれだけ。

加門　それで決心なさったんですか。

木村　「よし」と思って。透視能力を授かる日になったときも思いましたよ、できるかなって。でも、ここでしっかりしなきゃだめだと。

それで、祝詞がようやく終わったら、深紅の十二単《じゅうにひとえ》で髪は垂髪《すいはつ》、笏《しゃく》を持ったすごくきれいな女性が、神棚の拝殿の上を歩いてきたの。

加門　普通の人間の大きさで？

木村　そうそう、普通の人間。すごいなと思って、見ていましたよ。そうしたら、その顔がアップで見えて、「えっ、何これ？　私じゃないの」と。とんでもない。私、こんな、きれいでないと。

加門　ご自分の顔だったんですね。

木村　そう。それで、これはどういうわけと思っていたら、白い装束の……神々の部下ですよね、そういう人が拝殿の奥にある戸をいくつもいくつも開けたんです。私はその女の人になっていて、懐かしいような気持ちで、あっち見、こっち見して入っていったの。そうしたら、大広間のようなところに出て、神様がいて、「とうとうここまで来れたか」って。

加門　へえ。

木村　男性の、天照《あまてらす》様の部下として行動している神様でした。それで「もっとそばへ来るがよい」と言われて、行きましたら、何かすごい漆塗《うるしぬ》りのテーブルの上に、いろんなものを並べて、透視能力に必要なものをひとつずつ説明したんです。「これはこういうものであるぞ」とか。もう、ふーんという感じですね。

加門　どういうものなんですか。例えば、透視能力Aに対しては鏡だったりとか？

木村　ええ。でも、私にはまったく興味のないもの。別に透視能力を欲しいわけでもないし。そうしたら、神様が「欲しくないのか」って、にっこり笑ったんです。まるで親が子供を諭《さと》すように。私は「必要ない」って言ったんですね。別に興味はない。だけども、これをいただかないことには困るんじゃないかと思うので、仕方なく……と本音を言った。「頑張れるだけは頑張ろうと思っていますが、今のところは、自分を信用できない」。そう言ったら、「しっかり頼みたいんだ」と宥《なだ》めてくる。で、こちらも仕方がないから、頷《うなず》いて。

そうしたら、次に「除霊の力を授けるぞ」と。この除霊の力がなければ、お前は何も使い物にならないと言うんです。それで、私が霊障《れいしょう》を受けないという弓矢とか、剣とか、天照様のイヤリングとか勾玉《まがたま》とか。一体、この世で何に使うんだと思ったら、即言われました。「今は要らなくとも、必ず必要になるから、これを受けとっておくがよい」って。以心伝心ね。今思えば、本当に恥ずかしいです。でも当時は、「わかりました。これでいいんでしょう」って。もう、帰りたいんですよ（笑）。そうしたら、神様が最後に「おまえにこれを授けるぞ」。「お前の正直な心にこれを授けるぞ」。えっ、まだくれるのって（笑）。もういいのに。その変な古いイヤリングとか勾玉とかで充分だ、と。

加門　古いものだったんですか。

木村　すごく古い。

加門　きれいはきれいなんですか。

木村　きれいとか、そこまで興味ないんです（笑）。別に今の時代、身につけて歩けるわけじゃあるまいし。それで最後にくれたのが、日本国中、白いラッパ水仙……春でした。

「花は人の心を和《なご》ませる。おまえの会話が、人の心を和ますから、これを授けるぞ」と。ああ、そうですか、ありがとうございますって。私はラッパ水仙の白は嫌いなんですけれどもね（笑）。でもまあ、くれると言ったものは、もらっておかなきゃいけないでしょう程度で持って帰った。今思えば本当に、何とも言えないわがままでした。

加門　戻ってきたときは、どんな感じだったんですか。

木村　戻ったときは、もう、元の姿で拝殿にいました。けど、はっきり言って、欲しくてやったわけじゃないので、ふーんというだけで、一応、ありがとうございますと言って、母に話をしに行きました。「がらくたみたいなこれを、どうするのか」って。そうしたら、「それを欲しくても、もらえないで、死ぬまで行《ぎょう》をして、山の中に隠れたり籠《こ》もったりする人がたくさんいる。そういう御利益をがらくたって言うんでない」と。

加門　そうですねえ（笑）。

木村　本当に、今ならそう思います。これ、懺悔《ざんげ》のつもりで言っています。人を助ける御利益を授かったのにね。

それで、少しして、また神様と話したら、こう言われました。「お前は神の世界で大きな過《あやま》ちを犯して、その償《つぐな》いのために人を救う約束で、この世に来ているぞ。人を救って帰ってくるがよい。任務を果たして帰ってくるがよい。待ってるぞ」と。

実は、私は小さい頃……母が言うには、八カ月ぐらいかな。その頃から小学校になっても、ずっと同じ夢を見てたんですよ。

加門　それは？

木村　ひとりで駅で待っていますと、屋根のついたトロッコみたいな電車が来て、私はそこにお行儀よく座るんです。座った途端、ものすごいスピードで、電車は走り出すの。私はもう、帰れるという気持ちで、胸がわくわくするんです。やがて、トンネルが見えて、そこに前の車両が入っていく。と、必ず土砂崩れが起きる。――そこで目を覚まして泣くわけです。帰りたい、帰りたいと。

同じ頃、両親とは当時、一緒の部屋で寝ていますよね。そうすると、夜中に起きて、親の枕元《まくらもと》に手をついて「今度からいたしませんから、どうぞお許しくださいますように」って、何回でも泣きながら繰り返す。母が起きて、寝言だからって目を覚まさせようとしても、涙がぼろぼろ、ぼろぼろ。ともかく「お許しください、お許しください」、そういうことを繰り返して言ってるの。それ、憶えているんです。

あまりに、さめざめ泣くものだから、母は気持ち悪くなって神様に訊《き》いたんですって。そうしたら、神様は「生まれる前の出来事が頭にあって、寝言として出てきてるから。これは将来、この子の役に立つことになるからほっときなさい」と。……どれほど謝っても許してもらえなかった。何をしたものか。

加門　そこまでは、ご自分ではわからないんですか。

木村　いや、わかってるんだけど。のちに神様に徹底して訊きましたから。

加門　じゃあ、教えてはくださったんですね。

木村　そうです。でも今はもう、あまり帰りたいとは思わないんです。責任、子供、

だから、気づきなさい、と。

すべて神様が教えてくれる

加門　少し細かいお話に移らせていただきます。神様から能力を頂いたということですが、とすると、透視にしろ何にしろ、神様が教えてくださるという形なんですね。

木村　もちろんそうです。

加門　テレビで場所を透視するとき、地図とかお描《か》きになるじゃないですか、ああいうのは、どう見えるんですか。見え方というのは、能力者によってずいぶん違うと思うんですが、木村さんの場合は？

木村　例えばそこにコーヒーがあります。それを知らない場所で透視したとしますと、そのまま見えます。

加門　では、コーヒーカップと思った場合、そのままパッと、コーヒーカップが浮かんで見えるという感じですか。

木村　思うより先に、神が見せる。

加門　なるほど。地図を描くときは、上空から見ている感じになるんですか。

木村　場所によって違いますよね。

つまり透視はこういう感じです。例えばコーヒーカップが見えたら、「何のためのコーヒーカップなの」と。毒が入っているのか、壊れるのか。その理由が一緒に見える。今、後ろの襖《ふすま》で誰かが立ち聞きしているのが見えたら、悪意があるのか、それとも、お茶を持って入ってくるタイミングを計っているのかとか。相手の心を同時に見る。

加門　それもまた、神様が教えてくださるという感じなのですか。

木村　それが御利益です。

加門　テレビなどの場合は、どうなんですか。『TVのチカラ』とか。申し訳ないですが、ああいう番組って、仕込みだという話も噂もあるんですが。

木村　仕込み？

加門　はい。まあ、やらせですね。スタッフが下調べしたものを、霊能者が透視したように言っているだけだと。

木村　そんなことは、私はありえないと思っています。

加門　そうですか。では、現状の透視ではなく、過去はどういうふうにわかるんですか。

木村　同じ。現在の姿と、過去のことが、今、こうしているのと同じに。

加門　今、私がここにいますよね、そうすると、小さいときの私が同時に見える、と。

木村　そうです。そのときの状況が、この辺（隣）にきちんと見える。

加門　テレビを見ているような感じで？

木村　いやいや、実物大で、同じに見えるの。

加門　へえ。未来も同じですか。

木村　同じ。例えば、今。私はあなたの話と違うことを両方聞いているんです。そうすると、食事……洋食が見えているの。昨日は洋食じゃないわよね。今日の夜は何を食べるの？

加門　ええと、ホテルなんですけど。

木村　それは十二階で？

加門　わからないです。中のレストランで食べるとは思いますが。

木村　何か洋食も食べます？

加門　どうなんでしょうね。

木村　まあ、そういうように、見えるという状況。

加門　それは、未来を見たいと念じて見るものなんですか。

木村　念じない。神経を集中すると、どんどん見えてくる。

加門　では、依頼をされなくて、普通のお茶飲み友達と話していても、見えるときは見える。

木村　はい、見ようと思えば見えます。

加門　それらすべて、神様にお伺いしてやっていくという形なんですね。
木村　普通はそうですけれども、慣れてくると、もう、自動的に透視してます。見えるだけではなく、こういう例もあります。例えば、中華料理のレストラン。どうも売れ行きが悪い、一体どうしたんでしょうと。調べてみますと、「あらっ、シェフが変わったでしょう」と。味がちょっと変わって、前と違うわねって。そのときは味覚で感じちゃう。
加門　以前にそこのレストランに行ったことがなくとも、前の味と比べられるんですか。
木村　もちろん。
加門　すごいですね。そのとき、ラーメンはこう、餃子《ぎょうざ》はこうとか、メニューを限定してわかるんですか。それとも漠然と、うまい、まずいと……。
木村　いえいえ。例えばエビチリならケチャップが足りないとか、タマネギが大きくて口に残るとか。それで、ああ、これはにんにくをもう少し入れるとかして、味を加えないと家庭料理と同じだねとか。味でわかる。
加門　限定できるんですね。
木村　むしろ、限定してくれたほうが私は楽なわけ。
加門　なるほど。透視が外れるときってありますか。

木村　あります。もう、すぐわかります。自分で。

加門　どうわかるんですか。何が違うんでしょう。

木村　相手の心が、すごく汚れているとき。我々が普通に言う「汚れる」という言葉より汚い汚れ方。

加門　それはどういうふうに見える、感じるんですか。

木村　すごく汚いなかに自分がいるような波動につつまれます。そのような方は、顔に出ていますから。波動でわかるんです。

我々は、お化粧は一所懸命するでしょう。だけど、心の磨《みが》きはかけない。心を磨かないことが、波動として醸《かも》し出されてくるんです。いくら格好つけようとも、素材が悪ければ、いいお味の料理にならないようにね。逆に、お化粧しなくたって、滲《にじ》み出るように品のある人っているじゃないですか。そういう品格。その人の波動というのは、すれ違っただけでも見えます。

加門　では、ご先祖などはどういう形で見えるんですか。

木村　そのまま、会話で聞きます。

加門　私の後ろなり隣なりにいるという、守護霊とか守護神とか言われるものに聞くんですか。

木村　私は神様に聞きます。守護霊と守護神は違う。

加門　どういうふうに考えればよろしいのでしょう。

木村　守護霊というのは、自分の身内の人、亡くなった霊が……。

加門　血縁の人？

木村　とは限りません。亡くなった人の霊。それが守るから、守護する霊。守護神というのは、例えば千手観音《せんじゅかんのん》様とか、神道や仏教系の神です。それから、霊障とカルマ。これも、皆さんわかっていないんですよ。霊障というのは、字のごとく、霊の障《さわ》り。動物霊であろうと人間の霊であろうとね。なのに、こう来るんです。「私、霊障だと言われたんです」。何のと聞くと、「お稲荷《いなり》様がついていると言われたんです」。お稲荷様は霊じゃないでしょう、と。これは日本人の特徴。神と霊の区別がわからないんです。だから、科学が進んでも、我々のこういう世界は遅れているんだと。霊の世界への理解は遅れているんです。霊障の意味さえも理解していない。

それともうひとつ、除霊の意味もわかってない。霊障であれば除霊で済むの。霊の障りを除けばいいわけです。ところが、自分のカルマを先祖のせいにする。それは、私は許せないの。

加門　でも、そう仰る方はたくさんいますよね。

木村　そう。だけど、自分のカルマを先祖のせいにしないで。いずれ、私もあなたも、否応《いやおう》なしにご先祖になるんですよ。

今、仮に皆さんお亡くなりになっているとします。そうしたらご先祖が大変あくどく障っているため学校にも行かないと言われ、「すごく悪い先祖だな」「このおばあちゃんが悪かった」とお経を上げたりされたら、もう笑い話ですよ。私なら「うるさい！」と、仏壇のなかで怒鳴りたいですね。

加門　それはそうでしょうね。

木村　みんな、それをやっているんです。「先祖が悪かった。だから、うちの子はこうなった」、だから除霊してください、除霊してくださいって。冗談じゃない。

加門　じゃあ、そういう先祖の障りみたいなものが、本人に出ることはないんですか。

木村　もちろんありますよ。でも、そういう場合は、障る側にもわけがあるんです。

この間あったことですが、子供が急に歩けなくなった。で、神様で調べましたら、お墓から、ひとりのお骨《こつ》を抜いて、あと、きちんと蓋《ふた》をしないでいたのがわかった。だから中が水浸《みずびた》し。それでお叱りを受けていたわけです。これは霊障、先祖の霊の障り。ですから、除霊したら、その場で子供は歩いたんです。

加門　ほう。

木村　ところが、単に先祖が悪いから供養《くよう》しろ、というと……もちろん、先祖供養はいいんだけど、先祖は一束ねですからね。団体でいる仏様をひとつのご先祖と見てもダメなんです。ちゃんと透視して、この者をきちっと成仏《じょうぶつ》ということで、透視プラス除霊、成仏させることができればいいのですが。
加門　要は、ひとりにターゲットを絞れないから、だめなわけですね。
木村　はっきり言ってそうです。
加門　じゃあ、「先祖が悪いから供養しなさい」「わかりました」と言って、私たちがお経を上げてもだめなんですか。
木村　無意味です、透視ができないから。それに、力がない仏に頼んだってだめなの。私があなたに、今すぐ五百万貸してって言うのと同じ。五百万持って歩いている人っていないですよね。そういう、できないことを頼むのと同じなの。
加門　なるほど。
木村　それから、供養して成仏させたと思って、その霊に頼んでもだめ。そのご先祖は困っていたから供養されたんだから、すぐに恩を返せるかというと、そうはいかない。苦しみから逃れてほっとする間もなく、なぜ、人を助けられる？
　例えば、あなたがどん底まで落ちて、サラ金地獄になって誰にも縋《すが》れないというとき、誰かがあなたに、お金を出したとしましょう。そのとき、すぐに、もらった分だけのお礼できる？　できないでしょう。もしかしたら汚い気持ちで、やれやれ、ほっとした、いずれ、この人に請求される前に逃げようと。
加門　ああ、そうですねえ。

木村　普通、そうでしょ。この人のそばにいると、あのお金、いつ返してくれって言われるかわからない。恐ろしいからと、できるだけ接触を持たなくなりますよ。

みんな、そのアヤがわからないんです。だから、先祖供養に何百万、何千万と無駄な金をかける。

加門　うーん。たしかに、そういう機微って、我々にはわからないですからね。

木村　そう。日本人はまだまだ、霊界、神仏への意識が進んでいない。憑依《ひょうい》の「憑く」も、守るの「つく」もひとつにしてしまったり、見えないところでの我々の存在感というか、仕事の内容も表面化されない。要するに、評価されていないわけですね。

だから、加門さんのように、こういうことを書かれている方が、ひとつひとつ教えて世のため人のためになっていくの。これで、子孫まで言い伝えられていくわけですよ。あなたのお役目もきっと、ここにあるんじゃないのかな。

インタビューを終えて

過去も未来も先祖も見るという木村氏は、ある意味、オールマイティだ。だが、その能力は、ただひとつ。神から授かった透視に集約される。

私は木村氏の実力は、メディアを通してしか知らない。しかし、力の片鱗《へんりん》を窺《うかが》うことは叶《かな》ったと思う。

対談のなか、未来を透視する例として、氏は食事の話を出した。私はわからないと答え、そのまま忘れてしまった。が、インタビューを読み直し、私は思わず唸《うな》ってしまった。

氏と会った晩は和食を食べた。だが、翌朝、私はホテルの「十一階」で、洋食セットを食べていたのだ。朝食の場がそこにあることを、当然、私は知らなかった。洋食と決めたのも、ただの気分だ。若干のずれはあるものの、氏は確かに、未来の私を見ていた。

どんなふうに見えていたのか。「洋食」のメニューはなんだったのか。今になってもう少し、詳《くわ》しく聞いておけば良かったと思う。

話のなか、印象的だったのは、神との対話と先祖の話だ。能力を得るまでの経緯は、まるで叙事詩のごとく劇的だった。先祖供養の話はどこか、世俗的な生々しさを持っていた。

木村氏は神霊世界に生きつつも、世間的な眼差しを失わない。そこが、私には魅力的だった。

神なくしては存在しない――それが木村藤子氏だろう。

カルマ、先祖、霊障、除霊。氏の言葉は昔ながらの日本的な心霊観に基づいている。一歩間違えれば、怪奇的になる世界だが、私は氏の話になんとも言えない居心地の良さを味わっていた。いわば「お袋の味」に似た懐かしさだ。大地の匂《にお》いと言ってもいい。

どんなに文明が発達しても、霊的なものが廃《すた》れないのは、結局、そのなかに、我々の子宮的な故郷があるからではないのだろうか。

木村氏との面談を思い出すたび、私はいつも「地母神《ちぼしん》」という単語が心に浮かぶのだ。

手指《ハンドエネルギー》で上げるあなたの運気

大島幸江《おおしまゆきえ》氏（仮名・エステティシャン）

大島氏はプロのエステティシャンであり、プロの霊能者ではない。いや、正確に言うならば、その力のみでお仕事をなさっている方ではない。

しかし、氏のサロンでは気の調整はもとより、過去や現状を読み取るリーディング、ヒーリングも行っている。そして、その的中率や効果が口コミで広がって、予約はいつも満杯だ。

＊＊＊

一般的に、霊能者は「見える」「見えない」で能力の有無《うむ》を言われる場合が多い。大島氏もその考えに沿い、自分は霊能者ではないと言う。

だが、本来、霊能力は文字通りの「能力」であり、視覚的な「機能」の質で判断できるものではない。要は肉体的機能や動作を超えて、対象になんらかのアクションを起こせるか否《いな》か、その能力を持つかどうかが判断基準となるのである。

言葉としては便利なために、私も「見える」を用いるが、視力的な問題は些末《さまつ》なことと言っていい。

本書ではのちにも「見えない」と仰《おつしや》る方が数名出てくる。だが、それが如何《いか》にどうでもいいことか……インタビューを読み進めていくうちに、わかっていただけると思う。

実は大島氏の評判を聞いた当初、私は一般客として氏のサロンに伺った。氏の力を試す気持ちがなかったと言えば、嘘《うそ》になる。ゆえに本名で伺ったのだが、

「お名前、ふたつないですか」「頭を使うお仕事ですね」「神仏とか、好きなんですね」

結局、座っているだけで、いろいろと言い当てられてしまった。

懐疑的な見方をすれば、私は雑誌等に顔を出している。だから、こちらを知っていて、とぼけた可能性も考えられる。しかし、のちに同行した編集者のことも、氏は随分と言い当てていた。

やはり、大島氏にはなんらかの勘《かん》――能力が備わっているに違いない。

肉体は容れ物、魂は眉間の上に

大島　私は自分では、霊が見えるとは思っていません。いわゆる霊能者ではないですし、自分は、あくまでもエステティシャンだと思っていますから。だから、霊能ということでお仕事をされている人とは、また違うのだろうと思います。

霊とかが見える方の見え方というのも、ほんとに物質的に見る——視覚的に見るという人もいるし、想像してわかるとかいろいろあると思うのですが、私の場合は、合っているかどうかはわからない。でも、その人を見たときに思いつくことをそのまま……何て言うのかな？　自分の感情とか考えとかで言うのではなくて、マッサージをしながら、ひらめくことをそのまんま口にするところから始まったので、見えるというのとはちょっと違うと思うんですね。要は体を触ることを通して、感じるままに言うんです。

加門　言葉で聞こえるとか、そういうのでもなく。

大島　じゃなくて、手で感じるんです。例えば、触ったときに、この体はこっちにマッサージしてほしくないんだな、こっちかもしれないと思ったら、そっちのほうに伸ばしてあげるんです。そうすると、その柔らかい面積、温かい面積が伸びていく。で、熱くなったところを見たとき「えっ？　湯気が出ている？」と思って、もう一回見ると出ていなかったりとか。

加門　その熱というのは、いわゆる「気」というものとはまた違うものなんですか？

大島　見えるものが何なのかは、自分ではわからないんです。ただ、気というのはあると思います。その方が、どのくらい体の老廃物を詰まらせているかを見ると同時に、余計な気が溜《た》まっているな、とかも感じますからね。

例えばすごくストレスが溜まっていたりとか、コンプレックスがあったりとか、吐き出せないものがあるとか。それって、物質的なものもあるけど、気の老廃物もある。要するに、フィルターに埃《ほこり》がいっぱい溜まっている感じです。それをきれいにしてあげるのが、私のお仕事なんですね。体が歪《ゆが》んでいたりすると勘《かん》が鈍《にぶ》るのは当たり前ですし、自分の力を百パーセント出したいと思っても、五十パーセントしか出せない。そうしたときに、私が手助けをして百パーセントに近づけてあげる。

加門　老廃物を取り除くと、勘も良くなるんですか。

大島　はい、全然違いますね。多分、そういう素質は皆さん持っているんです。それをなかなか出せないだけで。もちろん、人それぞれのペースもありますし、その人が今いる人生のなかで、どれぐらいの成長をするかとか、いろいろ個人差はありますから一概には言えませんけれど。私はその進みを楽にするためのお掃除をしてあげるんです。で、「軽くなったから、これから、いろいろなことが進めやすくなるかもね」みたいなことを言ったりもします。このサロンに通われている人というのは、どんなに体が歪んでいても、だんだん戻りが早くなるから、触ったときにすうっと抜けるのが、お互いにわかるようになるんですよ。

加門　その抜けるという感覚は、実感できるものなんですか。

大島　わかります。自分の体調が悪かったり、自分のモチベーションが低いときは、お客様から抜けたとき、自分の体に詰まるんです。お客様の痛いところと同じところが痛くなる。それで「こういう痛みじゃないですか？」と、お客様に確認して、当たっていると「あ、こんなふうに痛いんだ」と自分の体で実感する。それで、じゃあ、こうマッサージしようとか決めて、うまくいくと自分の痛みも取れていく。

加門　じゃあ、体調みたいなものも、お客様と同調しちゃうんですか。

大島　同調するときもあります。今は滅多《めった》にそんなことはないですが、昔はよく倒れていました。でも、時間とお金をかけて、ここに来ていただいている以上、私はフィルターじゃないといけないわけです。いちいち体調を崩していたらお客様にも失礼ですから、体調には気をつけています。

加門　それは、お客様との相性というのもあるのでは？

大島　あるみたいですね。でも、うまくいったときは、お互いがすごい気持ちいい。本当にそういうときには、体って借り物というか、容《い》れ物《もの》なんだなあって思います。

加門　容れ物？

大島　はい。私、体は肉体と精神と魂《たましい》でできていると思っているんです。これは手術を受けたときに感じたことです。麻酔を打たれたときに、感情と肉体が分離したのをすごい感じて……。そのとき、あ、体は借り物なんだと思ったんです。

加門　人間って、肉体があるということに意味があるわけですよね。みんな人間になりたいと思って、肉体を持ちたいと選んで、この世に来ているわけだから、生きている間の自分の人生をどうクリエイトしていくか……自分をどうプロデュースしていくか。そこのところが大事だな、と私はいつも思っています。

大島　その借り物の体を整えることによって、精神とか魂の部分が変わってくるというのは、どういうことなんですかね。

加門　余計なものを除いて、本当にフィルターをきれいにすると、本質が見えてくるのだと思います。

大島　体が変わると、そういう精神や魂も如実《にょじつ》に変わってくると。

加門　精神や魂がきれいになる感じがするんです。上に上がる感じがして。

大島　精神と魂の差というのは何なんですか。

大島　多分、精神というのは感情を生み出すところだと思うんです。そして、魂というのは自分の、何て言うのかな、成長する……悟《さと》っていく気持ちみたいな。光みたいな。

加門　魂って、どう定義なさいます。

大島　魂はここにあるもので。

加門　眉間《みけん》の上のほう？　いわゆる第三の目があるという場所の上のあたり……？

大島　そうですね。なぜ、そう思うかというと、以前、主人のお母さんが介護が必要になって、特別養護施設にいたんです。それで、お見舞いに行くといろいろな人がベッドに寝ているんだけれど、そのなかで、白くて丸い光が眉間のあたりから出入りしている人が見えたんです。で、それが体に入っているときは、その方の目の焦点がちゃんと合っている。つまり、生きているんですけど、光が外に出ているときはポワーッとしていて。

加門　へえ。

大島　なかには体だけの人もいて、眉間のあたりがパカッと開いている。

加門　開いている？

大島　パカッて……。中がない、空洞なんです。一瞬だけ見えて、あっと思っただけなんですけどね。でも、そんな光景を見て以来、私は魂は眉間近くにあるって、勝手に思っているんです。

前世で実母だった義母

加門　少し、大島さんの幼い頃《ころ》のお話をお伺いしたいんですけれど、どんなご家庭でいらっしゃいましたか。

大島　父母と、妹と弟と私という家族で、お米とかも自分の家で作ったりしていました。それで、母方の父――お祖父《じい》ちゃまがお坊さんだったんです。

加門　お坊さん？　何宗ですか。

大島　真言宗《しんごんしゅう》です。私が育った辺りは、どこに行ってもお寺があるんです。もう結《けっ》界《かい》だらけ（笑）。

加門　結界ですか……。そういう環境にお育ちになって、どうでした？　ご自分の勘みたいなものは、小さい頃からあったんですか。

大島　小さいとき、よく天井を見て泣いていたと親が言ってましたから、何かしらは感じていたんでしょうね。でも、特別何も見えなかったですよ。初めて見たのは十六のときで、海に行って、松の木のところで「あ、人魂《ひとだま》がいる」と。

加門　どんな？

大島　青い火の玉がふたつ踊っていました。そのうちに、白い透明な着物みたいなものが浮き上がってきて、一緒に踊っているんです。

加門　踊ってるんだ。なかなか陽気でいいですね（笑）。

大島　ええ。陽気でした（笑）。そのうち、髪が見えてきて、あ、女の人だと。一緒にいた友達はすごい怖がっていましたけど。

加門　大島さんは怖くはなかったんですか。

大島　怖くなかったですね。

加門　大島さんみたいな勘のある方は、ご家族にほかにもいらっしゃったんですか。

大島　妹も弟も勘がいいみたいです。でも、うちの両親はいたって天然ですね。すごく現実的。私が「髪の毛の長い女の人がいるような気がするのよね」とか言うと、否定していましたね。

あっ、そういえば、私、中学生のときに……ありました、ありました。寝ていたら、金縛りに遭《あ》ったんです。それで、手が出てきて、指先でトントンとされたんですよ。でも、あまり怖くなくって、金縛りが解けてからベッドのなかを探したんですけれど、もちろん手なんかなくて（笑）。何だ、と思いながら寝ちゃったんです。それで、朝起きたら、叩《たた》かれた皮膚の上に点々と痕《あと》がついていた。

加門　そのときも怖くなかったですか。

大島　怖いとは思いましたけれど、生きている人より死んでいる人のほうが多いからな、と思ったぐらいで。

加門　なるほど。それはいくつの頃のお話ですか？

大島　多分、十四か十五だったと思いますけど……今、思い出しました。小さい出来事は昔からありましたね。不思議な力に助けられたこととか、どう考えても不思議なこととか。

加門　環境的にお寺が多かったりすると、そういうお話も、周りに結構あったんじゃないんですか。

大島　昔はそうでもなかったですね。ただ、そういう環境が生活に密着しているんです。お寺で遊ぶとか、お坊さんが集まって、お祭りみたいなものをやって、毎年、参加したりとか。生活の一部だったんです。うちの地方のお爺《じい》ちゃま、お婆《ばあ》ちゃまって、食事の前にお経を唱えるんです。そういう環境で育ったから、身近には感じていましたね。

加門　宗教的な雰囲気が、生活に溶け込んでいたんですね。

大島　ええ。それが普通だと思っていました。それに、自分の祖父が住職だったこともあって、あとはもう、仕事と捉《とら》えていましたね。

加門　先ほど、十六歳で自覚的な初体験みたいなのをしたと仰いましたが、その後はいかがでした？

大島　その後、二十歳で結婚して姓が変わってからです。

加門　二十歳で結婚されたんですね。

大島　はい。それで、主人のお母さんが真言密教《みっきょう》の行者をしていました。

加門　お祖父様だけでなく、ご主人のお母様も？

大島　当然、血は繋《つな》がっていないんですけど。真言宗でしたから、その家のなかに太鼓とか社《やしろ》みたいなものとか、お地蔵様がいたりするようなところで。普通は怖がると思うんですけれど、私は懐かしい気持ちがしただけでした。義母はそこで、ご祈禱《きとう》とかする人だったんです。

加門　面白いご縁ですね。

大島　ええ。不思議なことに、初めて義母に会ったとき、すごく懐かしい感じがしたんです。そうしたら、お義母《かあ》さんがあるとき、拝んでいる途中で後ろを向いて「ちょっと幸江ちゃん、来て」って。それで「あんたは私が昔、前世《ぜんせ》で捨てた子供だ」と。修行のため、お寺に入るとき捨てた子供が私だと言うんです。それで今回、私に会ったのだ、と。

加門　それ、すぐに信じられました？

大島　そうですね。私は体は容れ物だと思っているので、そういうことがあっても不思議じゃないと思いました。それに、祖父が当たり前のように、死んだらまた生まれ変わると言っていましたしね。義母は業《ぎょう》を私に教えて託したかったようですが、教えてもらう前に認知症になって、数年前に亡くなってしまったんです。だけど、今でもサポートされているな……という部分は感じます。それで、見えるというか、わかる部分もあるのかなって。

加門　じゃあ、むしろ結婚なさってから、そういうようなことがたくさん出てきたんですか。

大島　ええ、そうです。主人の育った家は、すごいおうちだったんですよ。やっぱり、ご祈禱とかしているから、いろいろなものが集まってくる家だったんですね。だって、朝、お風呂《ふろ》に入ろうとすると、白い蛇がお風呂にいるんですから。

加門　え、それは？

大島　埃が集まって、蛇の姿ができているんです。とぐろ巻いてて、ちゃんと目が赤くて。

加門　へえ。

大島　それで「お義母さん、蛇がいるよ」って言ったら、「ああそう」って拝んで、九字《くじ》を切ったら、パチッと消えてしまった……。

加門　埃そのものも消えたんですか。

大島　一瞬にして消えました。で、拝んでから、私がこういう家に嫁いだということを物質化して見せなきゃいけなかったからと、義母に言われて。

加門　すごいですね。

大島　本当に、すごい家に嫁いじゃったと思いました。けど、そういうことはしょっちゅうだったんです。誰もいないのに玄関を開ける音はするわ、階段を上がる音はするわ。でも、私は自分では打ち消すんです。気のせい、気のせいって。え、何か今、白いの見えた？　いえ、気のせい、気のせいと。

加門　そうやって、気のせいだとずっと打ち消してらしたのが、いつから肯定的に捉えるようになったんですか。きっかけというのはあるんですか。

大島　いえ。今でも打ち消すんですけどね。でも、自分が感じていることを無視すると、運が悪くなるというのがわかったんです。

加門　実感なさったんですか。

大島　はい。自分のなかで、合っているかどうかというよりも、受け取ったものはやってみる。そのほうが、いろいろとうまく行くんです。でも、私、悪いことはあまりわからないんです。それは、お客様にも言う必要がないと思ってますし、私自身がそういうメッセージを受け取ろうとしないからだと思いますけど……。本当に子供を産むまでは、普通に幽霊とかそういうものしかいないと思っていたんですけど。だけど、子供が言うんです。それこそ普通に「ママのそばに天使さんがいるよ」とか。

加門　それで、そういうようなものの存在をも信じるようになったんですか。

大島　いるんだなあって（笑）。この前、大雪の日に、住んでいるマンションの五階から、子供が身を乗り出して雪を取っていたんです。本当は、その窓、途中でストッパーがかかるんですが、そのストッパーを壊して身を乗り出して。びっくりして叱《しか》ったら、「大丈夫だよ。天使ちゃんが落ちないように持っててくれるから」って。それで、その後、「ママは神様を信じないから、そうなるんでしょう」って。自分のことを見てみなさいよ、という勢いで言われましたね。

加門　説教されちゃったんですね。でも、自分は大丈夫だと思う感覚って、いいんでしょうか。傲慢《ごうまん》になったりしないいんですか。

大島　肉体レベルの大丈夫と、魂レベルの大丈夫は違うんですよね。でも、それは私にはわからない。私は肉体で生活をしているので。

加門　私もわかりません（笑）。でも、自分は絶対大丈夫って言う人、ときどきいますよね。「自分は今、何をやっても大丈夫な気がする」とか言う人。

大島　それは、繋がるときを知っているからじゃないですか。どこかと自分が繋がる。私だったらマッサージをしていて、その人と繋がって、詰まりがすっと抜けるとき、上と繋がっているような感じがします。でも、それって、生きている限り、みんな体験したいんじゃないでしょうか。繋がるにもいろんな場所があると思いますが、繋がって一番安心感があって、不安がなくなるのっていうのが、天上なんじゃないのかな。私もまだ、よくわからないんですけど。そうなのかなって、ちょっと最近思い始めました。

加門　うーん。混ぜ返して申し訳ないんですけれど、その「自分は大丈夫」って言っている人のなかには、傍《はた》から見ると、「お前は大丈夫じゃないだろう」っていう人も、結構いますよね。霊能関係でもそれは同じです。私、何人か知っていますけど、すごい能力を持っていた人が、ある日突然、能力がなくなる。単純に言うなら、占い師の場合は当たらなくなる。あるいは見当外れのことを言い始める。傍から見ていると、それがわかるのに、なぜかその人は自分ではわからない。それで「自分は大丈夫なはず」「正しいはず」と藻掻《もが》いて藻掻いて、逆におかしくなっていくという……。

大島　それは、主人の母を見ていて思いました。霊能という仕事であれだけ人を助けたのに、最後は何で認知症になっちゃうんだろうって。私のこともわからなくなって、すごく罵《ののし》られたりして。そのとき、ああ、この人もやっぱり人間なんだなって思いました。義母は肉体をつかい、それを教えてくれた。だから、私はそういうものに頼りすぎちゃいけないと思っています。

加門　やはり、それだけになるとバランスを崩しますか。

大島　そうなんです。だから、ちゃんと着地をして、肉体を使って、現実世界で生活をすることが大切なんです。人との調和とかバランスとか。体も気持ちもバランスだし、自分のなかの女性性、男性性とのバランスをどう取るかも大事です。社会とのバランスもね。ルールを守るとか、迷惑をかけないことって大事なんだなって。それができて初めて、そういう世界も広がっていく。両方が大事でしょう。いくら霊感があっても、自分が神だ、みたいに思うことって、私はどうなのかなって思います。

加門　どんなに霊能力があっても、所詮《しょせん》は肉体を持った人間ですからね。神様じゃない。

大島　そう。肉体のなかにいることをどれだけ楽しめるかが、人間になるテーマですよね。

男は乙女になりたがっている

加門　このサロンには、いろんなお客様がいらっしゃると思いますが、男性のお客様もいらっしゃいますか？

大島　ええ。男の人は体が全体で、ひとつの単体という感じです。

加門　どこが一番違うんですか。

大島　全然違います。まず、男の人は伸びない。だから、ひと突きでやられるのがすごくよくわかります。ガーンときたらバーンという感じ。女の人はガーンときても、ほかで伸びて衝撃を和らげますからね。マッサージでも、男の人は内容が決まっているんです。背中をマッサージして、お顔をして、首を伸ばして、頭をマッサージして、というふうに。

加門　それでオーケーなんですか。個人差が少ないということなんですか。

大島　ヴァリエーションが少ないんです。でも、今、中性的な子供が増えているので、時代が変わってきているなと思います。だから、体を読み取るのもマニュアルだけじゃなくて、その人個人個人を見ていくことが必要になってきた。今後は、多分、中性的な子供がもっと増えてくると思います。そのときに、どういうトリートメントをするかというのが、重要になってくるんじゃないんでしょうか。

加門　例えば外見が男性でも、内面が女性的だとすると、それがまた、体のほうにも反映してくるんですか。

大島　出ますね。今、男の人は乙女になりたがっているような気がします（笑）。でも、昔みたいに、男は男らしくなきゃいけないという時代でもないから、いいと思うんですけどね。大切なのは自分の肉体、意思ときちんと向き合うことです。

加門　外国のお客様はどうですか。いらっしゃいますか。

大島　いらっしゃいます。例えば、アメリカ人の方はやっぱり、自然から受けているものが大きいですね。容れ物の幅が違うというか。でも、大きいんですけど、日本人のほうがシャープに繊細に入る感じがします。アメリカの人って、受けているものが緩《ゆる》いというか……広いんだけど、密じゃない感じ。色が伸びている感じです。

加門　雑？　日本人の場合はもっと緻密《ちみつ》なんですか。

大島　日本人はすごく面白い。育った場所によって、入っているものが全然違います。

加門　アメリカ人だと、アメリカの国という大きな括《くく》りになっちゃうんですか。

大島　場所によってももちろん違います。日本人も北海道と沖縄じゃ全然違う感じです。南に行くほど女の人のエネルギーは強く、自然霊の影響も強い。逆に、男の場合は北に行くほど土台が強い感じがします。

加門　体を触ることによって、過去や未来、前世とかもわかると伺ったのですが。

大島　うーん、ばらばらですね。そうなのかしらと思うぐらいで。何か感じたとき、「小さいときにこういう体験をしましたか」と、ちょっと振ってみて、「ありますね」とか言われれば、それはそれですし。本当に、私は見えるものが、そのときによってばらばらなので……。

　体を触ること自体もそうですが、そういうのって、すごくセンシティブな問題だと思われます。こんなことを言っていいのかしら、とかも思いますしね。でも、気がつくとほろっと言っているんです、感じるままに（笑）。最初は言うのを許してくれる人たちだけに言っていたんですけど、だんだん口コミで広がって、紹介、紹介で。

加門　軸はエステですものね。

大島　はい。私はずっとエステティシャンです。ただ、そういう発言を許してくれるお客様がいらっしゃるから、発言させていただいているだけです。私も最初は、こんな無責任なことを、と思っていたのですが、でも、ある人がものすごく煮詰まっていて、誰にも相談できないというときに、まったくの他人の私が体のお掃除をさせていただくことで、ちょっとでも前に出てくれればいいな、と。私が話すことで、その人がちょっとでも、今の自分から前に進めたらいいなと思って。

だけど、いろんな方がいらっしゃって、迷っていても、私がすべてを助けることはできない。「私が決めることじゃないから」と、それははっきり言いますね。決めるのは自分。けど、決めやすい体にはしてあげよう、と。

私の役割は人を前に出すこと、その人の運を上げたいというのが、自分のなかにあるんです。

インタビューを終えて

実に謙虚な方だと思った。

これは多分、大島氏がエステティシャンという立ち位置からブレてないからこそだろう。しかし、やはり氏は一般のエステティシャンとは異なっている。

肉体の美しさを目的にしている点においては、氏の施術は普通のエステとも変わらない。だが、氏の場合は体と同時に、それこそ「魂」というものも、美しくしようとしているようだった。

東洋医学をはじめとした幾種類かの治療行為が、精神世界的な理論を持つことを知っている人も多いだろう。だが、そういう施術者達の多くが口を揃《そろ》えて言うことは、それらは皆、科学であり、宗教とは無縁ということだ。

彼ら曰《いわ》く、単に今の科学が原因を解明するほどに発達していないだけらしい。しかし、そういう人の中には、それこそ骨の形まで見えたり、現場に当人がいなくとも治療できる人もいる。

これらは未科学なのか、オカルトなのか、はたまた、すべての人が持つ潜在的な能力なのか。私にはわからない。多分、施術者達も、よくはわかっていないのだろう。だから、効果を科学に仮託したい人がいる一方で、力を神仏や霊力に託す人も出てくるのだ。

要は、施術者が自分の力にどんなパッケージを与えたいのか、それだけの問題だと、私は思う。実際、その力及び力を持つ人々の心性は、霊能でも科学でもなく、また霊能でも科学でもある——そういう場所にあるのではないか。

大島氏は冒頭で、一応は霊能を否定する。しかし、続く言葉は、日本的な心霊世界に流れていく。氏のベースにあるのは、いわゆる「拝み屋」的な世界観だ。

とはいえ、因縁《いんねん》や霊の存在に大島氏は拘《こだわ》らない。現実を見たまま、ポジティブに生きる。

それが氏の選んだ生き方であり、能力の使い方なのだ。

修験道第一の門番

田中利典《たなかりてん》氏（金峯山修験本宗宗務総長）

＊　＊　＊

前章の大島氏同様、田中氏も霊能者という立場にはない。

氏は金峯山《きんぷせん》修験《しゅげん》本宗の総本山、金峯山修験本宗宗務総長という肩書きを持つ宗教者だ。

しかし（怒られるかもしれないが）私に言わせれば、田中氏は完全な霊能者だ。

個人的意見ではあるが、霊能者の能力のひとつは、心霊・神霊世界に通じていることにある。知識のみではなく、そういう場の空気を体感し、その核となるものに呑《の》み込《こ》まれることなく、きちんと向き合うことのできる人物——何を見るとも言わずとも、私はそういう方は、それだけで優れた霊能者だと考えている。

この意味において、田中氏は紛れもなく、高い霊的能力を持つ。

氏の言葉は我々の心や文化、信仰というものを考えるとき、とても重要な示唆《しさ》を含んでいる。通り一遍の言葉ではない。それらは皆、修験の聖地にて生きる、田中氏の人生そのものから醸《かも》し出されてきた発言だ。だから、説得力がある。

「拝み屋」の息子として生まれ育った氏は、験力《げんりき》という超常能力を否定することはしない。だが、それを妄信することもない。そういう世界があることを当たり前として捉《とら》え、その中で、精力的に社会で活躍なさっている。真摯《しんし》で、正統な宗教者だ。

ちなみにインタビューと言いながら、今回ばかりは私も大いに語っている。信仰や聖地の問題となれば、神社仏閣好きとして黙っていられなかったからだ。

いや、こちらが思わず立場を忘れてしまうほど、氏の提示する話題がエキサイティングだった、というのが本当だろう。

心霊的なものを思ううえで、神仏の存在は抜きにはできない。心や文化の問題も、信仰とは切り離せない。

現場の真っ只中《ま　ただなか》にいるからこそ、氏はその重要さを知っている。

生き残った修験道

田中　私には人にお話しするような特別な霊能があるわけではないので、そういうご期待にうまくお応《こた》えできるかどうか、いささか心配ですけれど。

加門　はい。あくまで修験道《しゅげんどう》のお話ということで、よろしくお願いいたします。

　まず、お伺いしたいんですけれど、田中さんは修験者《しゅげんじゃ》だと、ご理解してもよろしいんでしょうか。

田中　修験者というのは験力を修めた者ですからね。そうすると、どうしても験力の有無《うむ》が問題になります。さて、験力を修めたかどうかというと、これはなかなか難しい……。ですから、修験者かと言われると、少し躊躇《ちゅうちょ》するものがあります。私的に言葉を使うなら、修験をやっている僧侶《そうりょ》ということで修験僧というほうが相応《ふさわ》しいのかな。

加門　修験僧ですか。文字の問題になってしまいますが、修験というのが験力を修めた意味だとすると、その験力とはどういうものと考えたらいいんでしょう。

田中　験力には二通りの考え方があります。方便門《ほうべんもん》と真実門《しんじつもん》。

方便門としての験力というのは、超自然的な力です。病気を治す力もそうかもしれませんし、前世《ぜんせ》を見る力だったり、神仏の声を聞く力だったり。人間が普段持っている力とは少し違った異次元的な、神通力《じんつうりき》と言われるような力を一般に験力と呼ぶのだと思います。けれど、仏教における方便とは、真実に向かわせるための手だてであって、験力も方便門のひとつの形です。

真実門というのは、自分自身が高まって悟《さと》りの境地に入るとか、仏の世界に入って、あらゆるものと同体化していくとか、そういう世界を目指すことです。本当はそこまで行かないと、救いにもならないし、本当の験力にもならないんじゃないですか。真実に向かう途中で、方便としての験力が現れるかもしれないけれども、そこに留《とど》まっていたのでは、最終的には輪廻《りんね》というか、迷いの世界からは抜けられず、同じところで、また繰り返していく。

最終的に悟りの世界に行くのが最終的な験力で、それまでのものは全部、方便でしかない。方便だけを求めていくと真実が見えなくなるので、験力があっても、大変不幸なことになってしまうこともあるし、かえって災いになることもあるでしょう。あくまでも通過点としての験力であり、方便と見ることができるかどうかが肝心です。

私は僧侶という立場のほうが、験者《げんざ》としての立場よりも自分のなかでしっくりします。これは少し仏教的にかたよった立場からの理解かもしれませんけどね。

加門　とすると、先ほど、修験僧と仰《おつしや》ってましたけど、その修験僧の立場から見た目的は、悟りの方向を目指すこと、ということでいいんですか。

田中　そうですね。

加門　修験者も同じと考えていいんでしょうか。

田中　はい。なんだか世間では修験者とお坊さんとはまったく違うように言いますね。だけど、みんなが今考えている日本の仏教が、実はすごくいびつだと私は考えているんです。

明治に神仏分離が行われて、学問や文化などあらゆる分野が一神教のキリスト教的な価値観で体系化され、一神教に沿った形のものしか認められなくなってきた。それが明治維新以降の近代化でした。そんななかで、仏教も一神教的な理解の上に立って行われるようになってきた。神道も国家神道という形で一神教化が行われ、本来、日本的にあるものとは違うものができてしまった。そこのところをもう一度原点に戻って取り払うと、実は修験というのは、大変日本的な仏教の受容、発展の仕方をしたのではないかということが見えてくる。

よく民俗学の人は、日本古来の山岳信仰に、神道や外来の仏教や道教や陰陽道《おんみようどう》や、いろんなものが混淆《こんこう》してできたものが修験道だと言うんですね。

加門　書いてありますね。はい。

田中　私も長い間そのように説いてきたんですけれど、実はそんなものは初めからなかったのじゃないかというのが、最近の私の思いです。

逆に、修験のなかにある多様で猥雑《わいざつ》なものこそが、日本の仏教なり、日本の宗教を醸し出してきた源流ではないかというふうに思っています。これこそが日本仏教だとまでは言いませんけれどもね。日本人的仏教の、ひとつの典型として修験道は捉《とら》えることができる。

というのも、修験道の教義を見ると全部、仏教教義ですからね。たしかに儀礼としては道教的なものもあるし、神道の儀礼もある。けれども、根本の教義は仏教です。

修験道が淘汰《とうた》されなかったのは、日本的な信仰心を基盤としたものの上に仏教の教義が加わることで、ある種の普遍性を持つことが叶《かな》った。普遍性を持つことができたから、近代化の波のなかで淘汰されずに生き残ることができたわけです。

そうやって考えると、日本の仏教の受容の形、あるいは発展してきた修験の形というのは、非常に日本的であって、しかも日本にとっていいものであったと言える。

近代になって一神教的な価値観が地球全体を席巻《せっけん》したことによって、いま、いろいろな問題が起きはじめている。そのことに対するアンチテーゼみたいなものが、修験道にはたくさん残っているから、価値があるのではないでしょうか。

まあ、これも、私が勝手に言っているだけの修験道の理解なのかもしれないんですけどね。

実はこれこそが今、この国にとって大事なことではないかと思ってます。神仏分離以前に戻ろうというのは、哲学者の梅原猛《うめはらたけし》さんをはじめいろいろな人たちが最近言い出していますが、実際にその姿を維持しているものは極めて少ない。一番それを持っているのは、一度は禁止令を出されながらも生き残ってきた修験道だと私は思ってます。

加門　――お答えになったかどうかわかりませんが。

加門　日本の宗教的なものの根幹、それを色濃く残しているのが、修験道だということですね。

山伏の父に心酔

加門　少しプライベートなことをお伺いしたいと思います。田中さんの家は、代々金峯山寺《きんぷせんじ》にお勤めなんですか。

田中　いえ。私は京都府下の田舎町の出身で、父が山伏《やまぶし》を志したわけです。

加門　お父様が？

田中　はい。代々山伏の家系であったわけではなく、父の代に山伏を志しました。父は、初めは二足の草鞋《わらじ》で、国鉄勤めをしながら山伏をしていたのですが、のちのち師匠から、遺言で師匠の教会を譲られて、それを機に祈禱師《きとうし》専職になり、その後、自分のお寺を開いて住職になったんです。

私が生まれたときは、父はまだ寺を持っていたわけではないんですけれども、途中でそういうことがあって、私も山伏の道を歩むようになっていました。父に連れられ、五歳のときから大峯山《おおみねさん》に登り、だんだんとこの道に入っていくことになったのです。自分のなかに自覚的に仏心があったかどうか、怪しいんですけれどもね。

父は跡を継げとは一度も言ったことはないような気がします。けれども、継がないといけないというような道筋をつけられて、気がついたら修験僧になっていた。

加門　途中で迷いとか、そういうのはなかったですか。

田中　ありましたよ。得度《とくど》したのは十五歳のときでしたけれど、高校を出た後一年間、吉野《よしの》の東南院という管長さんの自坊で随身《ずいじん》生活をしたのですが、あの一年は悶々《もんもん》とするものがありました。けれども、仏教系の大学へ進んでからは逆に、そうなのかなあ……と。今更何か違うことを始めていこうという気持ちはなかったですからね。

加門　なるほど。

田中　父の作戦どおりに（笑）。

加門　ほかの職業につきたくなったとか、そういうことはなかったですか。

田中　随身をしている間は、そういう思いもありましたね。

加門　何がやりたかったんですか。

田中　文才はなかったけれども、新聞記者やコピーライターとか、加門さんのような文筆業の仕事とか……。もうちょっと男前なら俳優にでもなりたかったんですが（笑）、そんなチャラチャラした憧《あこが》れは持ってましたね。

加門　小さい頃《ころ》、山伏姿のお父様とか見てらして、格好いいとか思いましたか。

田中　父は私と違って、霊能力もありましたので、周りの人たちも父のことを神様、仏様のような扱いをしていましたし、私自身も父のお蔭《かげ》で命を救われたこともありましたので、畏敬《いけい》の念はありました。ただ、「拝み屋さん」の子と言われるのが嫌で、そういう反発は少しあった。けど、この拝み屋さん――父ですが――は力があったので（笑）、やはり心酔するところもありましたね。

加門　どんな能力をお持ちだったんですか。

田中　父は直接霊視をしたりというのではなくて、いろいろなものを学んで、最終的に数霊学というのを身につけて、いろんな判断をしてました。なかなか素晴らしい力がありましたよ。やはり少しは見えたり聞こえたりというのがあったんでしょうね。ただ、そういう霊感的なものは、どうしても自分の体調や欲で惑わされるからと、父は否定的でした。それよりは数霊学のように一つのルールに則《のっと》り、そのうえで見ていくという感じでしたね。

実は私も父に数霊学を少し習って、父が遺《のこ》した信者さんの相手をさせていただいています。けれども、例えば数霊学で父と同じ結果が出たとき、場合によってはやはり、いわゆる霊的な力に依《よ》らないと判断ができないところがありますから。そこは私なんかより、父ははるかに優れていましたね。

加門　先ほどお父様に命を助けられたというお話がありましたけれど、差し支えなければ、お聞かせください。

田中　小さいときのことなので、後聞きなのですが、肺炎で高熱を出して、もうだめだと小児科の先生にも見放されたとき、父が「これであかんかったら、もう諦《あきら》めるから、わしの言うことを聞いてくれ」と母に言いましてね。数霊学のひとつに、その人の吉方《えほう》の水を飲むとよいというのがあるんです。特に効果があるのは、時間時間で水を変えていく方法で、それを徹底してやったそうです。そのほか、民間療法の薬草を使ったりして、いろいろやってくれたそうです。そうしたら、ものすごい量の汗が出て、たちまち熱が下がって、肺炎も治ったのだそうです。

どうも「もう、あかんかな」というところまで行ってたらしいですね。医者も見放した状態にあったのに、奇跡的に私が蘇生《そせい》した話を、母がよくしていました。

加門　お父様はご祈禱とか、信者さんのために病気平癒《へいゆ》の護摩《ごま》焚《た》きとか、そういうこともなさってたんですか。

田中　当然していました。いわゆる鳴《な》り釜《がま》（祈禱法の一種）も得意としていましたしね。ただ私はあれがあまり好きではなくて、とうとうきちんとは習いませんでしたけど。

加門　なんで嫌だったんですか。

田中　今の私ならまた違うんでしょうけれども、何か、その、鳴り釜というのは、拝み屋さんを象徴するような儀礼でしたからね。拝み屋さんにはなりたくないっていうのも、あったのだと思います。

山修行で見えたもの

加門　また少し、修行の話に戻らせていただきますが、山伏の装束をつけて山に入るのと、つけないで山に入るのと、差は出てきますか。

田中　覚悟が違うでしょうね。修行で入るんだという覚悟があるときとそうじゃないときというのは、見えるものも感ずるものも違うと思います。私は好きで山に行っているわけではないんです。例えば奥駈《おくがけ》（大峯山系中の拝所を巡《めぐ》って行《ぎょう》を重ねる修行）にしても、修行だからある意味しかたなしに行ってるのです。大きな声で言うと叱《しか》られそうですが。

でも、ほかからここに修行に来る人たちはみんな、毎年嬉々《きき》として来るんです。ちゃんと生業《なりわい》の仕事をこなし、十日ぐらいの休暇を取っておいでになります。暇もお金もたいそうかかりますけど、それをやりくりして、みんな嬉《うれ》しそうな顔をして来ます。もちろん、私も行けば行ったで楽しいんですよ。でも、最初のうちは、彼らのような気持ちになかなかなれなくて、七回目か八回目くらいに、ようやく、これかなというものを感じました。

加門　これかな、というのは？

田中　体験的なことで、口ではうまく言えないのですけれど、学校で学んだ仏教とは何か違うな、と。実際、お坊さんが現場でやっていることと、大学で習うことも違いますがね。そういうギャップも含めたいろんなこだわりが、山を歩くなかで少し取れていったのです。

つまり、私たちが欧米の近代合理主義的な価値観のなかで学んできたことは、どうも怪しい。間違いなく怪しい、と。日本人にとって、一神教のようなものの考え方で宗教を見るのはあまり居心地のいいことではなくて、拝み屋さんにものを頼むような、そういう世界のほうが実は居心地がいいのではないか、と。そういうことが山の修行のなかで、ストンと入ってきた。

大学で学ぶ仏教ではなくて、もうちょっと身近に自分を超えた聖なるものとの出会いがあったり、あるいは聖なるものがあることを前提で修行することに意味があったり。

それを山の修行で教えられたのです。それから後の奥駈修行は楽しかったですね。

加門　山伏の方は、「山にすごく力をもらう」みたいな言い方をしますよね。山の力って何なんですか。

田中　山自体の場の力だと思います。ただ、山に行っただけでは、力はもらえない。心身脱落するぐらいくたくたになって修行することによって、変なこだわりとか欲とかが壊されるというか、取り払われる。山ではよく「我」をなくせとも言います。それによって、場の力を吸収することができる。それが、山から力をいただくということだと思います。

加門　場の力をいただくと、どうなるんですか。

田中　いや、それは修行を終えて帰ってきたときに、自分のなかに漲《みなぎ》るようにあるものではなく、ほんわりと残っているようなものでしょう。

奥駈とか蓮華入峯《れんげにゅうぶ》などの山修行をした後、必ず満行時《まんぎょうじ》に精進落《しょうじんお》としをするんですね。酒を飲んで、いわばどんちゃん騒ぎをするわけです。なぜかというと——友人である、浅草寺《せんそうじ》の塩入亮乗《しおいりりょうじょう》先生に教えてもらったんですが——穢《けが》れには聖なる穢れと不浄《ふじょう》の穢れがある、と。

一般に、穢れは不浄なものだと思われがちですが、聖にも穢れはある。つまり、穢れとは日常の中で、バランスが崩れたものを言うのだそうです。例えば五人で暮らしていて一人亡くなるとバランスが崩れるから黒不浄だし、一人生まれて六人になっても、バランスが崩れるからそれを赤不浄と言う。バランスが崩れることが、不浄なんだと。だから、聖の穢れもある。

山へ修行に行くということは、非日常を体験して聖なるものに包まれるわけなんです。そういうものにかかわった人が、そのまま俗に還《かえ》ると、俗の人にとっては清らかであることは聖なる穢れとなる。それで、精進落としをして、聖なる穢れをそのまま持ち込まないようにするんです。でも、穢れを落として町へ帰っても、やっぱりどこかに体験というのは残っている。落としてもなお、山にいただいた力は人間のなかに残るんですよ。

加門　磨耗《まもう》せずに、ずっと残っていくものですか。

田中　磨耗はします。磨耗するから、毎年同じ道を修行に来るんだと思う。

加門　田中さんは毎年、山にお入りになってるんですか。

田中　奥駈はなかなか日程の都合もあって参加できないこともあり、三、四年空いてしまうこともあります。蓮華入峯とか大峯山での山修行には年に三回くらいは行ってますよ。

加門　数年のブランクがあるときと、連続して行っていたときと、何か変化は感じますか。

田中　私、ときどき、アーユルヴェーダ（インドの伝統医術）をやってもらうんです。

それで、数年空いたときに行ったら言われました。「今まで田中さんの施術をすると、私たちもすごい力をもらって気持ちよかったのに、なんでこんなにパワーが落ちたの」と。だから、やっぱり行かないと力が落ちてるんじゃないですかね。

加門　自覚はないですか。

田中　あまりないですね。でも、衰えているのは間違いないと思います。そう言われて、頷《うなず》きましたもの、そりゃそうだなと。

加門　じゃあ逆に、何年もコンスタントに奥駈をなさっている方は、山の力が残り続けていくことになるんでしょうか。

田中　ええ。ただ、だからといって素晴らしい人間かどうかは別問題です。ほどほどが大事で、それをうまく活《い》かすことも大事なことです。いくら力があるといったって、それが人の役に立つかどうかは別ですし、スポーツ選手がすごいトレーニングをして、かえって体を痛めるということもありますからね。ほどほどのバランスを保つことが大事だと思いますよ。

加門　では、もし山の力というものを験力と言い換えるとすると、そういう験力の高い人が人格者とは限らないわけですね。

田中　残念ながら限らないですね。験力と人格とが全然一致しないとは言いませんが……。

加門　今は女性の修験者の方もずいぶんいらっしゃいますけれど、男女差というものはありますか。

田中　男と女は体の構造が違うわけですから、それによって持っている精神性も違うので、その違いは当然あるでしょう。けれども、男同士でも個人的な違いはあるわけですから、そのことが全部の問題にあてはまるわけではないと思います。女性だからとか、男性だからということではなく、あくまで個々の問題でしょう。もっと言うと、仏様の世界から見ると、変わらないのかもしれませんよ。

加門　現場を知らない私が言うのはなんですけど、私は女性が山伏をやらなくたっていいじゃん、というような気持ちがあるんですね。

田中　ほう。

加門　それは否定的な、女を卑下した気持ちではなく、もし女性に修行の必要があるなら、そのシステムって、もうずっと昔にできていたと思うんです。でも、それができていなかったということは、女性には肉体的な修行って要らないんじゃないのかと。最近、そう思い始めたんです。

卑弥呼《ひみこ》の時代から、巫女《みこ》さんやら憑坐《よりまし》(霊媒)やら、女性の霊力、験力を示す場というのはあるわけですが、そういう人たちの軌跡を見ると、神懸かりになったり、役に選ばれた後に潔斎《けっさい》を中心とした修行をすることはあっても、一般人の段階で勉強したり、修行した形跡はあまりない。

だから、そういう意味で女性が山に入って、ある程度、男性と同じ行程で修行をすると、マイナス面もあるかもしれないし、今まで全然知らなかったプラス面での、何か新しい改革みたいなものもあるかもしれない。いずれにしろ、今までやらなかったことをここ五十年ぐらいでやり始めたわけですから、何かあるんじゃないのかなと思ったんです。それで、それはやっぱり、現場の方が一番ご存じだろうなと思って、もし何か気がついたことがあれば、お伺いしたいと思ったんです。

田中　私は多分、女の人が修行していると、今仰ったようなところに戻っていくのかなという気はします。

ただ、私たちはここ五十年ぐらい、いや、もうちょっと前から、近代化された思想の中で生きてきて、ヨーロッパ社会で起こっているジェンダーフリーのようなものが正しいと思わせられてきた部分がある。だから女性も「やっぱり、やってみないと」となるんでしょう。けれども、本質的には、私も今加門さんが仰ったように、女性はしなくてもいいようにできていると思っています。そこのところに気がつくと、男よりもっと深い悟りとか、高い境地が生まれるのではないかとも思います。

今は思想として、いろいろなものが邪魔しているのではないでしょうか。そういうのが修行をするなかで取れていくというのは決して悪いことではないと思いますよ。

加門　今、修行する女性は増えているんですか。

田中　多いですね。私どもの宗団では、全体の半分ぐらいを占めています。実は、行者になるのは男のほうが多いのですけれど、女の人のほうが長生きするから残ってきて、だんだん増えてきたというのもあります。

加門　なるほどね（笑）。

真実は非合理のなかに

加門　いきなり、失礼な質問をしますが、正直、神仏って信じていらっしゃいます？

田中　はい、もちろんです。信じることが前提でお坊さんをしています。

加門　確信したことはありますか。

田中　神仏という具体的な形をと言われると……。でも、自分を超えた聖なるものがあるのは当然ですね。ないほうがおかしい。人間なんてたかが知れている存在ですから、それがあるかないか問うことすら、もしかすると非常に傲慢《ごうまん》なことだと思います。いくら人間が偉そうにロケットを作って宇宙まで飛ばしても、ハエ一匹生き返らすことはできないわけですから。

人間がやっていることは所詮《しょせん》、そんなことなんですよ。そうやって思うと、神も仏もいると思いますよ。

加門　では、幽霊とか、そういうものはいかがですか。

田中　いるでしょう。

加門　でも、「いない」と言うお坊さん、最近、多いじゃないですか。

田中　明治からこっち、皆が一神教的な物差しで学問してきて、宗教もまたキリスト教の聖書原理主義に似た教条的で原理原則をふりかざしたものだけが正しい宗教で、それ以外のものは怪しいとしてきた。それからすると、修験者や山伏はいかがわしくて、怪しいものだということになるわけですよ。けれど、実はそういう原理的な価値観のほうがはるかに怪しくて、原理的な考え方というのは、日本人の生活を不自由にしただけなんじゃないか、と。人間というのは常に多様で、常に猥雑に生きているわけです。ですから、非合理のなかにこそ真実があると私は思うんですね。

お釈迦《しやか》さまは、霊魂ありやなしやについて、「十四無記《じゆうしむき》」と言って、形而上学的《けいじじようがくてき》な問いにはお答えにならなかった。お答えにならなかっただけで、あるともないとも言っておられない。仏教では霊魂をいろいろ難しく解説していますけど、結局、最後はよくわからない論理になっていくわけです。インド人はそういうことを考える。しかし、日本人はそういう論理学的な仏教って、あまり受容していないんですよ。

加門　仰るとおりですね。

田中　日本人は、極端な言い方をすれば仏さまも八百万《やおよろず》の神の一種、変形した形として受け入れてきているところがあると思います。さっきも言いましたが、それが仏教の持つ論理性や教義性とうまく融合したことで、日本独自の素晴らしい宗教観が生まれたと思うんです。

論理学のような仏教学というのは、本当は宗教と呼ぶようなものではないかもしれません。人間を超えた聖なるものとの関係、個と聖との関係性が宗教だと、私は思います。そういう日本独特の形で発展してきたものを、今の仏教学は否定するところから始まっている。だから坊さんに力がない。堕落していると非難される。でも、考えてみてください。ほとんどの宗派の宗祖と言われる方々は、霊験譚《れいげんたん》があったわけですよ。

加門　ええ。

田中　あのお祖師《そし》たちにそういう霊験譚がなければ、誰《だれ》もついていったりしていないと思います。そうすると、霊験を否定したりするのは、近代思想によってもたらされた弊害だと思いますね。私は拝み屋の息子であることを卑下するところがあったのですが、最近は「拝み屋で何が悪い、坊主のほうがもっと悪いやないか」と思うときがあります。ただ、周りにお坊さんもいっぱいいるし、若いときから僧侶の友人も多いので、彼らの悲哀というか、辛《つら》さもよくわかりますけど。

決して一方的に彼らが悪いのではないでしょう。いろんな事情で、今のような状況に追い込まれたところがある。明治からこっちの宗教弾圧の結果によるひとつの姿かもしれません。けれども、これからは拝み屋にしても霊能者にしても修験にしても、もうちょっとまともに見てもらえるような、そんな世の中がくるのではないかなと期待しています。

加門　そうだといいな。私もそう思うから、こういう仕事をしているわけなんですけれど（笑）。でも、最近、修験道は少しブームが来ていると思いませんか。

田中　私にはブームを作ってきたという自覚があるのですよ。

加門　あ、そうなんですか。

田中　はい。ここ十数年、修験道をもう一回流行《はや》らそうというか、再認識されるようにいろいろ仕掛けてきました。日本の心を取り戻すためには、修験道が培《つちか》ってきた多様な、ある種、猥雑かもしれないもの、近代化のなかで失ったものをもう一回、きちんと見つめ直さなくてはならない、と。

今の日本が幸せな国ならこんなことは必要ないでしょうが、はっきり言って、人の心もあらゆるものも、音を立てて壊れていっていますからね。村落共同体とか家制度が残っている間は、神仏習合は家のなかに残っていたし、土地土地に厳然と残っていた。けれども、戦後、それらが壊れることによって、人々は神と仏から遠ざけられ、物だけが与えられるという社会が現出してきた。その結果、人の心までが壊れてしまった。

やはり、人間は帰属するものを持っていないとダメなんです。国に帰属するとか、家に帰属するとか、土地に帰属するとか。その意識がなくなってしまった今の日本ですが、修験道が守ってきた猥雑なもののなかには、まだまだ神も仏も、帰属するような精神性もあると私は思っています。

平成十二年に役行者《えんのぎょうじゃ》の千三百年御遠忌《ごおんき》があって、そのとき、私たちは「役行者ルネッサンス宣言」をしました。そのときにはまだ、私の気づきも小さかったけれども、今はその意識がだんだん大きくなってきています。

そんななかで、修験道のブームを作ろうと思って、私は意図を持ってやってきましたからね。いろんな形で本が出たりして、修験がスポットを浴び始めた。手ごたえを感じています。ようやく世間も気づいてくれたかな、って感じです。これは私がやったからというより、社会の同時性があるのだと思っています。私がやっていることも社会、歴史の同時性のなかでの動きだったのだろうとは思いますが、意図を持ってやってきた分だけ、自覚的に感じています。

修験道ブームを起こすことは非常に意味がある。この吉野・大峯が世界遺産になった今こそ、問うべきところだと思いますね。

加門　不勉強で申し訳ないんですが、世界遺産になると、何か国から保護とかそういうのがあるんですか。

田中　基本的に何もありません。だから、世界遺産になるだけでは意味がない。世界遺産になったことをどう活かすかに意味がある。

加門　たしかに。ただ、世界遺産になることには危うい部分もあると、私は思っているんです。実は安芸《あき》の宮島《みやじま》に行ったとき、愕然《がくぜん》としたことがあるんです。日本人も欧米人の方も大挙して押し寄せるなか、ほとんど誰も神社には手を合わせない。欧米人はともかく、日本人も皆、拝殿を見もせずにさっさとスルーしてしまう。みんなが見ているのは、景色ばかり。建築ばかり。宗教的な思いは何もない。

宮島も、もちろんここも歴史ある宗教的センターとしての存在ですよね。そういう精神的な文化面も一緒に財産として伝えていかなかったら、形だけ残しても仕方がないと思うんですよ。

田中　そのとおりです。私どもの世界遺産は文化的景観というのがキーワードになっています。この文化的景観は、自然と人間が営んできた歴史そのものだと思うんです。世界遺産となった「紀伊《きい》山地の霊場と参詣道《さんけいどう》」には、金峯山寺蔵王堂《ざおうどう》も奥駈道も入っていますけど、奥駈道がなった、蔵王堂がなったというよりも、蔵王堂を守り続けてきた人の営みが大事なんです。奥駈道だって、山伏が歩かなくなったら、すぐになくなっちゃう道ですからね。

歩き続けてきた山伏たちの信仰、修行が文化的景観だと思う。ここは、ほかの登録地よりそういうことが前面に押し出された世界遺産なので、宮島などとは少し違うのかなという気はしますが、それでも宮島も元々宗教施設としての歴史性に価値があるのですから、世界遺産にかかわる人たちがそういうことをちゃんと見ておかないといけない。
　でも、ここ吉野も、本当にそんなことを見ている人はあまりいないというのが、正直なところです。観光協会は、悪く言えばまるで観光開発のために世界遺産になったと勘《かん》違《ちが》いしているようなところもありますし、町も行政もそういう本質までは見ていないような気がします。彼らは政教分離だから、そういう宗教がらみの話にかかわってはいけないようなことまで言います。私はそれでカチンときて、「紀伊山地の世界遺産登録で、宗教を抜いたらどこを世界遺産にするんだ」と担当者に詰問したことがあるくらいです。行政はどうしてもそういうことを言いますよね。

加門　私は、ここは山伏さんたち込みでの世界遺産だと思っています。

田中　そうです。だから、世界遺産になった以上は地元も含めて、この地の宗教者たちが、世界遺産を守る当事者として、「第一の門番」として、意義をきちっと守り伝える責任を果たすべきだと訴えています。ただなかなかそういう方向に行かないのですけどね。少なくとも私は、自分でまっ先に世界遺産登録に手を挙げたという責任があるから、それを言い続ける責任は全うしようと思っています。

宗教なくして文化なし

加門　それでお願いしておきたいのは、山上ヶ岳《さんじょうがだけ》の女人結界《にょにんけっかい》を崩さないでほしいということ。あと、男だったら誰でもいいというような奥駈ハイク、ただの観光目的でのツアーも増やしてほしくないな、と。

田中　女人結界の問題は賛否両論があります。人間のやっていることですからね。そういう意味では仰るように、結界を守ることによってしか守れないものがあると思います。ただ、人はもっと不自由なところもあるのでね。今の世間では、男も女も関係ないというのが前提にあって、なおかつ、守らなければいけないことの本質を見抜いてやっていかないといけない。

人権擁護団体のジェンダーフリー的考えによって結界門を開けるなんていうのは論外です。やはり、あそこは宗教的コスモゾーンとしての結界であるわけですから。ただ、そのコスモゾーンの守り方、作り方というのは、時代によって変遷《へんせん》する。それが生きた宗教の宿命ですからね。だから私は、女人禁制を絶対に守らなければいけないとは思っていませんし、絶対に開けなければいけないとも思っていません。けれども、守るなら守るで、きちっと守る規範を作ろう。開けるなら開けるで、山の尊厳を守る規範を作ろうというのが私の立場です。

もっと言うなら、それを決めるのは私たちではなくて、大峯山の御本尊が最終的にはお決めになることですね。

加門　たしかに昔なら、私たち女性はこの金峯山寺蔵王堂までだってそう簡単に登れなかったわけですからね。

田中　そう。ここまではすでに開かれているわけですから、山上ヶ岳だけがいまだに結界を守っていることの意味というのは、大きい。だから、開けただけで済む問題ではないし、閉めただけで済む問題でもない。そんなところの話にまで来てるような気がしますね。

加門　どうなんですか。やっぱり開けてほしいという方は多いんですか。

田中　開けさせたいと思っている人は多いでしょうね。

加門　させたい？

田中　世界遺産になる前に、ジェンダーフリーの人たちが大挙して寺にやって来て話をしたことがあるんです。最終的に彼女たちが言ったのは「世界遺産になって、世界中の人が来るのに、こんな恥ずかしいものがあるのは耐えられない」と。そこで私は申しました。「皆さん、勘違いしてませんか」と。私たち日本の文化はこんな素晴らしいものを守ってきたのだと、堂々と誇りにすればいいじゃないですか、とね。まあ、ジェンダーフリーの人は、人権さえかざせば何でも通ると思っているから、私は女性の人権を無視していると、逆に非難されましたが……。

加門 おかしいですよね。ここは逆の立場にある沖縄の、本来、女性だけが入れる聖地には、地元の男の人は足を踏み入れない。まずは女性であること、その次に、沖縄の人かヤマトの人かというようなところで分けていく。

田中 コスモゾーンを守っているわけですね。

加門 はい。沖縄の聖地は、今ほとんど観光地として男女両方に開放されていますが、ジェンダーフリーだとか言って、地元の男性が居丈高《いたけだか》にそこに踏み込むことはないんです。なのに、なんで女人結界だけが……。そういう意味では、自分も女ですけれど、女って、ほんとにヒステリックだなあって。

田中 一神教的思考に染まって、そういう価値観に取り込まれたからでしょうね。

加門 けれども、日本の過去を見ても、歴史の表舞台に立つことが少ないというだけで、女性がそんなにひどい生活をしていたとは思えない。

田中 全然違いますよね。

加門 あくまで役割分担ですから。

田中 だから、さっき仰ってたように、本来の女性性に気がつく術《すべ》としての女の人の修行というのは、私はありうると思います。これだけ男性化させられる価値観を植えつけられて生きてくると、一度、突き詰めないと気がつかないところもあるのかなと思います。でも、下手《へた》に言うと差別をしてるとかいう話になりますからね。

加門　難しいですね。

田中　まあ、ぶっちゃけた話、女の人がいると、男は修行にならんところもありますよ（笑）。今、奥駈は前半と後半に分けてて、後半、女の人が入ってきますが、女の人が入ってくると、がらっと雰囲気が変わる。

加門　そうなんですか。

田中　ええ。とにかく空気が変わります。緊張感がどこかでゆるむ。男だけのときの緊張感とは全然違う緊張感に変わる。

加門　実は私、結界門の前までは行ったことがあるんです。実際、立ってみると、やはり結界門の手前と向こうは世界が違う。

田中　私もそう思いますよ。

加門　本当に、ここから先は聖地だなって思いました。それで、そのとき理屈ではなく感覚として、ここに女性が入ったら、しゃぼん玉の泡みたいに、何かが弾けて消えてしまうと思ったんです。

男性上位とかジェンダーフリーとか関係なく、いわば、外来種の生物のように、かつてはいなかった女性というものが流入したら、ここの宗教的な生態系ともいうべきものが変わっていくだろうな、と。

田中　それも人間の営みでよしとする時代が来るかもしれませんけれどね。私は結界を外す先頭を行く人間でもないし、守る先頭でもないんです。ただ、修験の信仰を守っていくことについては、先頭を走りたいと思っています。

修験の信仰を考えるときに、結界のことは避けて通れないので、非常に重要な問題です。だけど、それはおまけとは言いませんが、一番ではない。結界だけ残って、修験の信仰がなくなってしまっては意味がない。

加門　もちろん、精神的なものが残っていかなければ意味はありません。でも、私みたいな門外漢に言わせれば、修験道に限らず、何かを伝えていこうとしたとき、厳格であるべきところは、なおさら厳格にしていっていいと思うんです。

田中　仰せのとおりですね。

加門　オープンであることすべてが、いいわけではないだろう、と。ダメならダメ。特に聖と俗はきっちりと分けていかないと。すべてが日常という俗の世界ばかりになったら、それこそ世の中のバランスが崩れると私は思っているんです。

人間はそれこそ、馬鹿《ばか》なところもありますからね。とりあえず、形を守ることで心が保たれる場合もあると思うんですよ。

つまり、なんで私が結界の問題をすごく心配しているのかというと、本当は女がどうこういうことではないんです。私は登山が趣味なんですけど、今、登山者たちのマナーがものすごく低下している。

田中　この間、日本山岳会の基調講演に行ったとき、同じようなことを聞きました。

加門　本当にマナーが低下しているし、登山経験の浅い人たちが、軽装で難易度の高い山に登って遭難しかけたり。

田中　私もよく言うんですけどね、山は山の論理、自然は自然の論理があるのに、今の登山者の多くは、都会の論理をそのまま山に持ち込もうとする。これはもう、大きな間違いです。

加門　山の麓《ふもと》に家財道具一式持ってきて、キャンピングカー停《と》めて、何をするんですかね。

田中　でも、日本の観光って、大体がそうでしょう。

加門　そうなんですよ。

田中　山奥へ行っても、水洗トイレがないといけない、みたいな。

加門　ええ。山小屋なんかも設備が悪いと、すぐに文句が出ますしね。山に行ったら、山の楽しさも苦しさも不便さも、すべてを楽しめよ、って思うんですけど。

ですから、そういう、どこにでも都会の論理を持ち込むような連中が「わーい、結界が開いた」とか言って、男女を問わず、どんどんやってきたら、現実に山が荒れる。それこそ、不浄になる。あの結界門の先に見た景色が目に焼きついているからこそ、私は本当に不安です。言いたくないけど、今、中高年にそういうマナーの悪い人たちがとても多いんです。なぜ私よりも年上の、規範となるべき人間が……。

田中　ある意味ではあの人たちが日本を悪くした代表のような世代ですからね。物だけ与えられて、それを幸福と勘違いした人たちがその年代なんですよ。

ちょっと思い出せば、自分たちが子供の頃には、もう少し違うものがあって、日本人が大事にしてきたものをちゃんと見てきたはずなのにね。ともかく戦争に負けて、価値観が急激に変わった世代のあたりが特にひどい。それから、それより上の世代が、戦争に負けたことによって口を噤《つぐ》んでしまったこともある。

そういう人たちが日本をおかしくしたという自覚を、彼ら自身が持たないことには変わらないんじゃないかと思う。決して戦前を単純に賛美するわけではないのですが、自分たちが小さいときにあった良きものを、ちゃんと孫子《まご》に伝えなさい、と私は機会があるごとに彼らに言うんです。このまま死んだら、あんたたちが国を滅ぼすんだよ、と。

加門　それは正当な意見ですね。自分たちの文化を伝えなかったら、たしかに日本人としての意義がない。

田中　まさに文化の伝承が途切れたときに、人間は壊れていくんです。だから、今の世の中がおかしいのは、今の世代の人が壊したのではなくて、文化の伝承をちゃんとしていかなかったことに問題があるんですよ。

私はね、日本人って八割以上がぶら下がりの民族なんで、ぶら下がるものを変えてやれば、全部変わると思うんです。それを変えるのは、やはり二割の気づいた人間。ところが今は、気づきを生まない社会になってるから、その二割の人間さえ生まれなくなってきた。そこが問題なんです。その二割の人間を生む社会ができれば、あとの八割はちゃんとぶら下がれると思う。そうすれば、もうちょっと、ちゃんとなる可能性はあるような気がしますけどね。

日本がこのままアメリカになってしまって、それで幸せだというのなら、それはそれでいいのですけど、実際には、アメリカにもなれない。そうすると、どこかへ戻らなければいけない。それは単に元に戻すのではなく、二十一世紀にもう一度、日本人が自分たちのアイデンティティを創造していく、そういう要素を見つけることが大事なのではないでしょうか。

加門　たしかに、そういう意味では保守一辺倒ではダメなんでしょうね。ただ、僭越《せんえつ》な言い方かもしれないですけど、正しいものを新しく創造する力というのが、今の日本人にはすごく足りないと思うんです。ある意味、本当に明治維新で骨抜きにされてしまった部分っていうのが、宗教のみならず、文化面全般に、すごくあると思うんですね。

田中　だからこそ、文化の象徴は宗教だと、神仏分離以前の宗教観だと、私は言ってるんです。

加門　そうですね。宗教なくして文化はないから。

田中　ないでしょう。でも、今は宗教と文化を分けますから。

加門　ええ。

田中　この間、奈良県の会議で「奈良県が率先して政教分離なんかやめてしまったらどうですか」って話をしました。それぐらいのことをしないと、本当に変わっていかないと思う。日本の宗教というのは、宗教以前の精神文化なんですよ。その宗教を抜きにして情操教育もないし、精神文化を語ることもできない。にもかかわらず、ふたつを分けてしまうからややこしくなる。

加門　政治というのは、本来「まつりごと」ですから、宗教と不可分のものなんですよね。

田中　政教分離なんて、先進国と言われる国でやっているのは日本だけですよ。それでも、まだ一般的な考えでは、宗教というとなんか胡散臭《うさんくさ》いイメージを持ってしまう。しかし、その場合の宗教というのは、一神教の宗教、レリジョンなんですね。近代化がもたらした原理的な考えの宗教です。原理的なものって、日本人にとっては実は非常に居心地が悪いんですよ。そういうものが、今の日本人に、宗教というだけで毛嫌いを感じさせていると思います。

だから私は言うんです。大多数の日本人は、赤ちゃんが生まれるとお宮参りをし、盆には墓参りをし、結婚式は八割以上がキリスト教の教会か神式で挙げ、クリスマスをお祝いし、死んだら坊主を呼ぶ。そんなことをしながら、皆さんは必ず「私は無信心です、無宗教です」って言う。それはおかしいやないか、と。そう思いませんか。

田中　思います。

加門　なのに、なんで自分たちのことを無宗教、無信心と言うかというと、一神教の人たちからみればそんな無節操なのはおかしいということになるから、その定義を鵜呑《うの》みにしてしまっているんです。

でも、日本人にとっては、それが宗教心だし、居心地のいい精神生活なんです。一神教の人たちに、それは無宗教、無信心だと言われるからといって、自分で言う必要は何もない。それが日本人全般の宗教の心なんですから。

加門　本当に。でも、勘違いしている人はすごく多いですよね。

私なんかも、取材や旅先で神社仏閣ばかりに行ってると、ときどき現地の人たちから、「何か信仰してるんですか」と、胡散臭そうに訊かれるんです（笑）。最初は戸惑っていたんですが、このままじゃダメだと思い、こう言うことにしたんです。「私は信仰というのはよくわからない。けど、信心はしてますよ」と。「だから、神社でもお寺でもお地蔵様でも、あれば手を合わせる。そういうのが好きなんです。婆《ばば》くさいんです」と言うと、ああ、なるほどって（笑）。結構安心されるというか。

やはり信仰という単語には、仰るとおり、直線的な、原理的な宗教イメージがあるようですね。

田中　加門さんは言葉を使ってお仕事しているから、そういう言葉のつけ方でうまくいっておられるんでしょうけれど、世間一般は無宗教と無信心を同じように使ってしまいますからね。

加門　ほんとは全然違うんですけどね。

婆くさい立場から申しますと（笑）、今、悪いことをしたら、罰《ばち》が当たるという感覚もなくなってきてしまってますよね。怖いものなしというか。

田中　お天道様《てんとう》が見てござるっていう価値観をなくしたときに、日本は崩壊していきますよ。安全神話も壊れるし。思いやりの心も壊れるし。

加門　「なまはげ」教育は貴重ですよね（笑）。

田中　だから、拝み屋さんだとか祈禱師だとか、怪しくてもなんでもあったほうが、ないよりずっとましかなと思います。まあ、インチキ宗教で人をだますような悪い奴《やっ》もいるので何でもいいというわけにはいかないところもありますけどね。いいのと悪いのと、それを個々に見極めるのはなかなか難しいのですが、猥雑であるから低俗であると思わずに、猥雑さのなかに人間生活の真実があるぐらいの気持ちでかかわって、消化してもらうといいと思っています。

そういうものを身近に置いて生活するのは、そう悪いことではない。むしろ宗教オンチや宗教に無反応になるよりも、拝み屋さんに拝んでもらっているほうがいいと思いますよ。

インタビューを終えて

インタビューでありながら、私はこの場で改めて、日本文化というものを学ばせて頂いたように思う。

なぜ世間の人が「霊能・宗教」と聞いただけで、眉《まゆ》を顰《ひそ》めるのか。氏の話を伺って、私はやっと、その理由が腑《ふ》に落ちた。

やはり、第一線で活躍なさっている方の言葉は力強い。

対話の内容は、聞く人によっては右翼的に響くかもしれない。が、家に畳がなかろうが、着物の着付けができなかろうが、私達は日本人だ。そこから離れることはできない。そのなんたるかを知らずして外に視線を向けたところで、所詮は上っ面なものに終わるだろう。自由な思想・思考を持つためにも、己の母体を見据えて理解することが、大事なのではないかと思う。

田中氏の言葉は、そのための手がかりに満ちている。

もちろん、すべてが手放しで賛同できたわけではない。譲れない一線もあった。女人結界の問題だ。田中氏は男性ゆえに気を遣《つか》い、言葉を選んで下さった。だが、私は女性であり、一傍観者だからこそ、好きなことを語ってしまった。

面喰《めんく》らったり、怒る方もいると思うが、言葉の奥には女性としての誇りがあると思って頂きたい。地理的に言えば、大峯山の女人結界は日本国土中、点に等しい土地に過ぎない。そこに踏み込まねば尊厳が保てないほどに、女性は惨《みじ》めな生き物ではない。

私はそう確信している。

氏との対話で何より心強かったのは、猥雑に見える日本人の宗教観こそが、実は一番、日本人らしいということ――それを氏のような立場の方がきっちり仰って下さったことだ。

こういう方が「第一の門番」としている限り、日本もまだ捨てたものではない。

少なくとも、修験道は守られていくに違いない。

曼荼羅の世界で己をみつめる

五條《ごじょう》　良知《りょうち》氏（大峯山護持院東南院住職）

五條氏は、前章田中利典さんの弟さんだ。同じ環境で育ち、同じく修験《しゅげん》の道に入ったご兄弟は、当然ながら、考え方もよく似ている。しかし、このご兄弟は、一方は金峯山《きんぷせん》修験本宗の宗務総長であり、一方は実践的に山伏《やまぶし》達を指導する護持院《ごじいん》の住職だ。おふたりにお話を伺うことは、修験の理論と実践、ふたつをトップの立場から教えて頂くことに等しい。

「私は霊能者ではありません」――ご兄弟ともども、いきなり否定と牽《けん》制《せい》から始まったのは、なんとも興味深かった。

こういう牽制が出る背後には、やはり今の日本における霊能的なものへの歪《ゆが》んだ見方、貧しさがあると思う。だが、一方、私は彼らの言葉の中にプライドをも見出《みいだ》した。霊能者ではない、という言葉の裏には、そういうものに頼らなくてもいいという自負があるように思われたのだ。

修験道という範囲の中で、多くの霊能者や行者達を指導する立場にあるからこそ、氏は霊能というものの真実を見抜き、身につけている。

今回、話の途中から、私は「信じる」という言葉の浅薄《せんぱく》さに気がついた。

インタビューでは、便宜上、その言葉を使用するものの、「神を信じるか」「霊を信じるか」と尋ねることには、なんとも言えない虚《むな》しさがあった。

最近では、そういう世界を肯定する人々を〝ビリーバー〟と言うと聞いたが、現場においてはビリーバーなどという者は存在しない。なぜなら、それらは「ある」からだ。

「信じるか」と訊《き》くことは、住んでいる家、座っている椅子《いす》、今手にしているこの本を「あると信じるか」と訊くに等しい。

五條氏の話は、皮膚感覚に訴えるような生々しさを持っている。

その生々しさは、まさに「ある」――それゆえのものだと、私は感じた。

神様は時にむちゃくちゃ言う

五條　私は霊能者ではないですよ。

加門　そう仰《おつしや》る方、多いんですよ。昨日、お兄様（田中利典さん）も同じ言葉から始めてました（笑）。

五條　知り合いの面白い霊能者が、「なんで五條さん霊感ないの、聞こえへんの」って言うんですが、私は、そういうのはなくていいですって（笑）。

　こんなふうでよかったら、知っていること、体験したことはお話をさせていただきます。でもね、霊能者と一口に言っても、ここ大峯山《おおみねさん》は山伏のひとつの本山ですから、見えるとかわかるとか、そういう人がいっぱい、います。そういう方をずっと見てると、なかには「ホンマモンやないな」という人もいますよ。

加門　というと？

五條　霊感があると自分で言う人もいますけれど、そういうのは今のインターネットの情報と一緒で、神仏などの力を受ける側、あるいは聞きにいく側から、自己責任で入ってくるものを判断しないとダメだと思います。神さんって面白いですものね。兄とも話をするのですが、神様っていうのは時にむちゃくちゃ言いますものね。

加門　言うかどうか……、私は神様の声は聞いたことがないので（笑）。

五條　私もないですよ。ただ、霊能者になる過程で、苦労する人っていっぱいいますね。夜中に起こされて、お酒を十升《しょう》持って海へ参ってこいとか、塩を三十キロ持って山へ参ってこいとか。私はそういうのはしたくないですからね。

でも、そういう過程があって、その上できちんとした信仰心と指導者があれば、自分というものをしっかりともちながら、霊能者になっていくことができる。でも、そこで神様や自分に引きずり回されてしまうと、ただ単に精神を病んでいるんだと思われてしまう。

加門　五條さんが思われる本物と、精神を病んでいる方と、その線引きはどこにあるんですか。

五條　ものすごく難しいですね。特に、霊能者になりかけのときなど、普通の人が、突然見たら、なんか変なこと言ってるとしか思えないわけです。例えば、加門さんがある日突然、「お母さん、私これからどこそこへお参りに行ってくるねん」「何で」「いや、行かなあかんねん」とかね。

その程度から始まって、どんどん変わっていくんですよ。暴れ出したりする人もいますし。だから、線引きというのは難しいですね。でも、やはり最後は自分がどうであるかだと思います。

加門　霊能者になる過程で、おかしくなるのを回避する方法として、自分を律していくというのはあると思います。でも、私は何人か事例を知っているんですけど、最初はたしかに本物だったはずという……。

五條　ありますね。

加門　そのうち、なんとなく言動が変になって、精神を病んでいるとしか思えなくなる人がいるんです。最初はたしかに本物だった。いろんなことがわかるし、皆も認めていた。なのに、いつからかずるずるとおかしくなっていく。どこでおかしくなっていっちゃうのかな、と。

五條　そういう方がおいでになると、磨《みが》く方法が間違っていたり、自分の側の欲が出てきたのと違いますかという話はします。

素質はあるんですよね、アンテナを広げる素質。だからこそ、入ってきたものを自分でちゃんと聞き分けないといけない、見ないといけない。それは律するというよりも、自分の信仰心というか、ご本尊とか正しい後ろ楯《うしろだて》が要るんでしょうね。

町の占い師さんの後ろ楯というのは、占いの統計ですね。でも、霊能を得たときに大事なのは、ご本尊の導きで、自分に入ってくるものをちゃんと取捨選択してやっていいかないとだめなのと違いますか。

加門　難しいですね。聞こえたり見えたりしたものが神様かどうか、本人はどうやって確信してるんでしょうね。例えば、そこら辺の声だけでかい化け物が「わしは蔵王権《ざおうごん》現《げん》だ」と名乗る可能性もあるんじゃないか、と。そういうようなものと、本物の神様って、どこで区別がつくんでしょうか。

五條　私にはそういう声は聞こえないのでわかりませんけど、やはり、自分のあれなんでしょうね、経験というか……ああ、私にはわからない（笑）。

加門　私はすれっからしですから、変な霊能者とかともつき合ったことがあります。だから、ちょっと斜《しゃ》に構えているようなところがあるんですけどね。

五條　私もですよ。例えば、霊能者が何か言っても「ああそうですか」って聞いています。そうしないと、しんどいでしょう。

加門　五條さんが本物だと思う方と、そうじゃない人って、どこで区別をつけているんですか。

五條　どこというか、私にとって本物じゃないと思うのは、人間の営みを外れることをいっぱい言ってくる人。

加門　例えば？

五條　たくさんいますよ。こうやって話をしていると、いきなり「ん、（神様が）また何か言ってきました」と。なんでか私と話していて、そんなことになるの、とね。この役行者のお寺にいて、行者さんの声が聞こえるのだったらまだいいけども「いえ、もっと上の人です」って、わけわからないことを言うんです。

加門　言いますよね、上の人という言い方。

五條　そう。「なら、今あんたと話している私は下の人やから、そんな人とつき合わんでもいいんじゃないの。そうやと思うんやったらお帰り」と。つまり、その〝上の人〟の言いなりになるのだったら、別にここに来てお話しする理由はないのでお帰りなさいよ、と。「でも、人の悩みというのは千差万別だから、もっと自分をしっかりもって、アンテナを開いたり閉じたり自分でできないと、あかんのと違う」と言って、終わるんですけれども。

私はここの信者さんにも指導をするんです。「引きずられたらあかん。自分の意志をもって、それとちゃんとお話をしなさい」と。それで人を助けていくのだったらいいけど、自分が神様になったらダメですよ、自分がどんな病気でも治せるなんて、そんなことはありえない。

「お加持《かじ》」もそうです。お加持というのは本来、お加持をする行者が病気を治してあげるのではなくて、行者がご本尊にお願いをして治してもらう。ご本尊の力を、行者が頼むわけです。それが、お加持なんですね。でも、行者でも修験者でも皆、どこかで間違ってしまって、自分の力で治したように思ってしまう。でも、そこは絶対に間違えたらいけない。

加門　なるほど。それは大切なことですね。今アンテナを開く、閉じると仰いましたが、それは五條さん自身、ご自分でできることなんですか。

五條　できないんです。アンテナを立てることもできないし、閉じることもできない。せいぜいが、「あっ、何かある。何か怖い、気持ち悪い」とか（笑）、そんな程度なんですよ。私自身は見えないし、その点では普通の人と同じです。ただ、周りにそういう能力を持っている人がいるので、そうかなと思うし、気持ち悪いことは気持ち悪いと思う。本当にそんな程度です。それでも、被災地やひどい戦災地に行けば、金縛りに遭《あ》ったりするんです。でも、それは自分の先入観のせいかもしれません。

加門　よく霊能者の方って、部屋なり神社なり、そういう場所に入ると、自発的に見るという行為をしますよね。

五條　しますよね。「うん？」っていう顔しますよね。私らはしませんが……。でも入った瞬間に、「ああ、気持ち悪い」と（笑）。そんな程度です。ただ、ご祈禱《きとう》とかしている間にフッとしたひらめきはあります。けれども、それくらいは真剣に護摩《ごま》を修法《しゅほう》（祈禱）していたら誰《だれ》でもが感じるというか、ごく普通のことなんです。だから、今日は神様がおいでになっている、おいでになっていないとか、そんなのはわからない。

加門　五條さんは霊能者という形ではないから。

五條　ちゃう、ちゃう（笑）。

山歩きは嫌い

加門　修験者さんの修行について、少しお伺いさせてください。

まず、非常に初歩的な質問で申し訳ないんですけれども、修験者って験《げん》を修めた者と書きますよね。その験って、何だと思えばよろしいんでしょう。

五條　修験の験ね……。修験の験は「しるし」ですから、信仰のしるし、神様がくださるしるし、修行のしるしということになる。もっと突き詰めて仏教的に言いますと「悟《さと》り」です。けれども、修験者というのは里山伏ですから、里にいる者からすれば、それは加持力がある、お加持ができるということになるでしょうね。これは、実際にお加持ができるかできないかというのとは別の話で、今言ったように、ご本尊との繫《つな》がりのなかで、お加持をしたら必ず効くと、自分で信じてやっていくということなんですよ。それがメインだと思います。それ以上の難しいことはよくわかりません。

加門　五條さんがそういう修験の修行をなさっている究極の目的というのは、どこに行き着くものなんですか。

五條　何でしょうね。好きで入ってきた道というよりも、何かそのまま自然に入ってきましたからね、ごく普通に。入ることが当たり前というか。

加門　ほかの職業につきたいと思われたことはないんですか。

五條　薬剤師になりたいと思ったこともありましたけど、仏縁《ぶつえん》で選んできた道だから、迷いはなかったですね。

加門　そういう意味ではストレートに。まあ、薬剤師になりたいという思いはあったにしろ……。

五條　真っ直ぐに来ました。

加門　それは素晴らしいですねえ。

五條　奥駈《おくがけ》は知ってますよね。

加門　はい。

五條　私、山歩きが嫌なんですよ、山伏をやっているのに。

加門　昨日、お兄様も同じことを仰ってました（笑）。

五條　虫は一杯いるし、暑いし、臭いし、嫌なんです。でも、行かないといけないんです、仕事だから。初めのうちは、本当に嫌で嫌でしかたなかったんですけれど、だんだんと引き込まれていって、役行者さんへの信仰というか、好きだという心が、あの嫌な奥駈から生まれていったんです。

加門　奥駈以外にもいろいろ山に入る機会を山伏さんは持っていらっしゃいますよね。そういう機会と奥駈は、やはり違う、特別なものですか。

五條　本当に特別です。例えば山上ヶ岳《さんじょうがだけ》には法務でも行くし、プライベートでも行きます。どこか地方の霊山に行けば、登ってみたいという気持ちが出てくるんですけれども、やはり奥駈とは全然違いますね。奥駈に入っていくというのは、雰囲気自体が日常を超えたものなんです。

加門　その日常を超えた雰囲気というのを、ほとんどの人は知らないと思いますので、どう普通の山と違うのかをお話しいただけますか。

五條　奥駈の道も、今はブームでたくさんの人が歩いておられます。だから、そういう人にとっては普通の山なんです。普通というか、普通の人が普通に考えて行ったら普通のハイキング道なんですよ。けれども、奥駈修行という修行で行くと、それは修行なんです。そこには必ず神様、仏様がいる、曼荼羅《まんだら》の世界なんです。山伏の修行の基本の場なんです。

私らは山に入らせていただく。必ず山に入らせていただいて、歩かせていただいて、気づかせていただいて、下りてくる。日々気づかせていただいていることを、わからせていただいて下りてくるんです。

普通のハイキングは、あくまでも普通の山に行くんですよ。その辺の違いは理屈ではなかなか言い難いところがあって……まあ、一緒に奥駈に行ったら全然違うことがわかると思いますけれども。

加門　以前、ＮＨＫの番組で奥駈の特集を見たんです。で、女性が後半三日間だけ参加していて、終わって感想を訊かれたとき「ものすごく洗われたような気持ちになった」とか「人生についてわかった気がした」とか。女性が珍しかったのか、やたら女性のコメントを多く撮っている番組だったんですが、泣き出す人なんかも映ってました。そのとき、私はやっぱり斜めで見ていますから、失礼ながら、たかが三日ぐらい山に入っただけで何が変わるんだろうと正直思ったんです。それ、どうなんですか、変わるんですか。そのぐらいでも。

五條　全行程行ってもたかだか八泊九日。私たちだって、三日くらいで本質的には変わりませんよ。その女の人たちも、ああやって訊かれるからそう言ってるのであって、それは一緒だと思います。それでも、やはり、何かが違うんですよね。

人それぞれというよりも、初めて行った人も十回行った人も、毎回新しいんです。毎回同じ道を同じ時間で歩いているんですけれども、毎回新しくて毎回違う。行《ぎょう》は自分の一年間の現れ、あるいは背負ってきたものの現れなので、去年は笑いながら歩いていても、今年は泣きながら歩く人もいる。でも、泣きながら歩いても、それは、ご本尊なり大峯という曼荼羅が教えてくれていると皆が理解している。だから、一回一回違うということは確かです。
　ただし、一回歩いただけでスキルアップするのかというと、それはどうでしょう。ただ、歩きながら自分のなかのそれまでの積み重ねとか、いままでと違う何かを感じて、自分自身と話をしている。そういうことはあると思いますが、それを無理矢理言葉にしようとすれば、何か変わったとしか言い表せないけれども、でも、たしかに何かは変わる。人間というのはそんなにころっとは変わりませんが、自分との対話のなかでは変わっているはずです。面白いのは、十日間山にいますね。その間は、みんな仙人ではないけれど、本当の山伏になるんです。女の人も、三日いれば本当の山伏ですよ。でも、帰ってきて、そのまま帰ったらいけない――聞きました？

加門　精進落《しょうじんお》としをするっていう話ですね。

五條　聞いとんのや（笑）。

加門　でも、十日間行って普段と変わらない感じで帰ってきたりすると、遊びに行ったの？　みたいな感じになっちゃいませんか。

五條　それでいいんですよ。かえって修行してきたとか言わないほうがいい。修行したからって何も偉くはないんですから。家族がいて、留守番がいるから修行ができるわけで、その感謝の気持ちを持っていれば、帰ってきて、ありがとうと素直に言える。そこが大事なんです。奥駈から帰ってきて、「はっ」とやったら気合いだけでコップが動くとか（笑）、そんなのを家族は期待していませんよ。

加門　日常へ立ち戻ったときに、行ったけれども結局変わらなかったなと思ってがっかりすることはないんでしょうか。

五條　あるかもしれない。けれども、それが気づきだったり、教えだと受け取る人もいる。まあ、大概の人は、自分が悩んでいたのはこんなものか、と。仏教的精神で言うと、私は生かされているのだから、もうそれで充分ということになる。言葉にはしないけれども、そんなふうにお思いになることのほうが多いのと違いますか。

奥駈に参加する人は、第二の人生のスタートとかで来る人もいるし、お願い事があったり、先祖供養《くよう》だったり、いろいろです。それらを私は最初の結団式で破壊するんです。

加門　どのように破壊するんですか。

五條　奥駈に入ったからといって、それだけで悩みは解決しない。「家庭の悩みがあるんだったら、こんなところに来んと、家庭で頑張って十日間家におれ」と。

それでも、みんな悩みを持っているから、歩いているうちにいろいろな人と話したり、泣いたり、泣きながら考えたり。それでも終わったときには、それこそ「懺悔《ざんげ》懺悔六根《ろっこん》清浄《しょうじょう》」で、それが全部当たり前のように流れてしまっている。「これは私が持っているものや。仕方がないものや」というふうに、ありのままが普通になっている。奥駈によってそういう心境に至ったことは間違いないと思います。

加門　もうひとつ。修行ということで、お尋ねしたいのですが。奥駈に限らず、修行したことを非常に偉いと考えて、自分が特別になったと思ってしまう人ってたくさんいますよね。俺《おれ》は四国遍路に何回行ったとか、奥駈に何回行ったとか、滝に何度打たれたとか。そういう、修行することで、逆に人生に弊害が出ちゃうことも、私はあるのではないかと思うんです。その点はどうお考えになってらっしゃいますか。

五條　私たちでも、やはり、それにぶち当たるんです。奥駈に行く回数で競うようになって、「お前、何回や、三回か。俺は十二回や」という具合に、回数を重ねるほど自我が出てくる。それが人間の性《さが》ですよね。一回一回が大切なんだと言いながら、そうなってしまう。そういうのは「ふーん」と聞いてあげるのもいいのかなと思ってます。

加門　うーん。実はですね、自分のことになって恐縮ですが、私、友人がご家族を亡くされて供養したいというので、つき添いみたいな形で、秩父《ちちぶ》遍路を歩きで全部回ったことがあるんです。今秩父のお遍路は、バスツアーだと二泊三日あれば充分回れる。だから、歩いていると、途中で、ツアーの人たちともよくぶつかるわけです。そうすると、そういう人たちとぶつかったときに、どうしても、「お前らバスで回っているんだろう、私たちは歩いているんだぜ」って思う自分がいる（笑）。いかんいかんとは思うんだけど、どうにもならないですね、これって。

五條　そうなるでしょうね。自分の実績は自慢だし、それが偉いわけではないけれども、でも、バスで回るよりは歩いたほうがずっと自分の修行にはなっているから、これは仕方ない。そういう感情は抑え切れない。

加門　そうなんです。だから、仏教では煩悩《ぼんのう》をいかに捨て去るかということを縷々《るる》述べているわけですが、こういう、特に体力を使うような修行、あるいは苦行と呼ばれるものはむしろ、煩悩や我欲《がよく》がものすごくあらわになる瞬間があるのじゃないかって。

五條　そう思います。歩いて自分の体を痛めつけると、どうしても自分が出てくるんです。私が百日回峯行《かいほうぎょう》を歩いたときに「歩いていると無になるんですか」ってみんなに訊かれました。なりませんよ、そんなのは。人間が歩いてるわけで、仏さんが歩いているわけじゃないから。人間は全然無にならないんです。それでも、「無にならなあかん、無にならなあかん」と思って歩く。で、気がつくと、怒りながら歩いていたり、いろいろなことを思い出して、泣きながら歩いていたり。私などはそういう性格なんでしょうね、怒りながら歩きましたよ。しまいに石を蹴《け》ったりしてね。そのとき、「何しとんねん、俺。せっかく、こんな行《ぎょう》をさせてもらってるんだから、無にならないかん」と思っても、なかなか無にならない。

基本的には、真言《しんごん》を唱えながら歩いたんですけれども、唱えるといっても、頭のなかでいろんなことを考えているわけですよ。でも、ものを考えるのも一時間も保《も》たない。気がついたら、何も考えずに真言だけで……「あれっ、それで、どうやったかいな」と。

じゃあ今度は、修行が終わったらどんな本を読もうかと考える。いろいろなことを考えようと思って歩くんですけれど、そんなのも知れている。人間の考えることって、十時間も続かない。で、気がついたら真言だけで歩いている。

そう思ったら、自分って可愛《かわい》らしいもんです。さっきの話じゃないけれど、「俺って、こんなもんか。考え尽くしたって、考えられへん。気がついたら怒っているし。何や、怒りっぽい奴《やつ》なんやな」と。そう思って、自分が可愛らしくなってくるんです。

つまり、一遍、自分を出し切りなさい、と。奥駈は我を捨てて入るんですよ、と建前では言うんだけれども、なかなか我は捨てられない。我慢するだけです。我を我慢する。捨てろと言っても無理。自分を観《み》ながら歩いて行く。歩いて汗を掻《か》いてしんどい思いをしてみたときに、だんだん自分が嫌いになっていく。自分が嫌いになったら、そこをもうちょっと頑張ってみる。そうすると、今度は自分が好きになってくる。「自分はこんなところが可愛らしいなというのを見つけなさいよ」と言ってあげる。

結局、そういうことだと思うんです。バスで回っていたら、おそらくそんなことはないけれど、自分の足で歩けば、脳と心と自分の体、足とかでものを考えたり、自分のなかで自分と話をしていくということが起きる。やはり、バスで回るのとは全然違うと思いますよ。お寺を巡《めぐ》ることは大事ですし、バスで回っても、仏さんと出会えるわけですけれども、やはり自分で歩いていく時間と、その気持ちというのは全然違うだろうと思う。

加門　もちろん、体験的には非常に思い出深いものです。だけど、そこに清浄なものというのはあまり残っていないというか……。非常にお腹《なか》が空いた思い出とか（笑）。同行者と喧嘩《けんか》をしたのに、コンビニに入って饅頭《まんじゅう》を一個ずつ買って食べたら、すっかり二人で気分が良くなって、血糖値って大事だねとか（笑）。

五條　血糖値が大事なのもよくわかるけれども、お腹が空いたら喧嘩をする。そんなものなんですよ。

加門　たしかに。

五條　どんなに着飾って、セレブでございますと言ってても、お腹が減って、カチンと来たら喧嘩をするしね。それが出るんです、不思議と。

　それを知って、流してしまったらそれだけだけど、「あっ、自分ってそんなもんかな」と思えば、いくら財産を持っていようが、そんなものはなにも偉くないということがわかる。同じ人間として、こういうときには怒ってしまう自分がそこにいるのを見せていただくのが、一番面白いですね。

加門　さっき、無になるんですかって訊く方が結構いると仰いましたが。ということは、無になることが最終的な目標とか、あるべき形と思われているということなんですか。

五條　空《くう》とか無というのが、どうしても目的に思えますよね。けれども私は違って、いまの生きてる間に、奥駈なら奥駈、山行きなら山行き、勤《ごん》行《ぎょう》なら勤行のなかで、ふっとなんの頓着《とんちゃく》もないときを一分だけでも作ることが大事なんじゃないのか、と。それを得るというか、そのときに自分を置く経験が大事で、そこに至るためにいろいろなことがあると思うんです。

加門　悟りという境地はないということですか。

五條　それとは違います。悟りというのは、常日ごろ、あったりなかったり、それが一般の人間なんじゃないですか。仏さんの気持ちというのは、みんな持っているんです。それを日々のなかでいかに思い出すか。そういうことのほうが大事なんです。その空間、時間を増やしていくのが修行なのかなと思います。もしかすると、これは間違っているかもしれないけれども（笑）。

当然、究極は輪廻《りんね》からの解脱《げだつ》ということなんですけれども、そんなことは、こだわったところでできることではないし、こだわったらいけないんですよ。自分の営みのなかで、仏さんの修行をするなかで、いかにそういう時間を増やしていくのかということですね。

頭上を歩くバク

加門　修行は修行でも、もうちょっとオカルト寄りの方向に行きますが（笑）、今いろいろな呪術《じゅじゅつ》の本とか出ていますよね。例えば、修験者の本とかでも、九字《くじ》の切り方から何から山のように載ってます。そういうのって、例えば、私がその本を読んで「ふん、ふん、臨《りん》、兵《ぴょう》、闘《とう》、者《しゃ》……こうやるのか」って、見よう見まねでやるのと、山伏さんが実際、正式な伝授を受けてやるのって違うものですか。

五條　違うでしょうね。

加門　どう違うんでしょう。

五條　山伏の世界では、「法を伝える」と言うんですけど、本当に法を伝えているんです。

加門　もうちょっと具体的に。

五條　縁ですよね。法の縁。その人が九字を切る縁があるから、私は指導するんです。そうすると、それは姿形だけではなしに、心も伝えていく。喋《しゃべ》らなくても、以心伝心じゃないけれども、伝わっていく。本やビデオというのは、そういうものがないので、効くか効かないかということで言えば、効かないのと違いますか。というよりも、守る術も知らないのに、何かがワッと来たときに見よう見まねでやっても、そこには自分の心が入っていないから、自分を守ることができない。でも、何かわからないけど、来るときには来ますよ。

加門　なんか、怖いお話ですね。

ところで、今、九字を切るって仰いましたけど、その「切る」ということについて。実は、こちらを紹介してくださった方と九字の話をしたとき「僕は九字を切れないですよ」って仰ったんです。「えっ」って訊くと、「印可はもらっているし、やり方も知っているけど、九字は切れない」と。でも、ここに来れば九字が切れる人がいるから、どういうことか訊いてごらんと言われたんです。

五條　そんな宿題を持ってきて（笑）。

加門　だから、九字なり護身法なりを作法としてできるということと、実際にできる、効果が現れるというのは何が違うんだろうって。

五條　信です。最初は信。信じることです。皆そうです。教えてもらって、否応《いやおう》なしにやらされて、最初は不細工だったり、心が全然入っていないけれども、やっていくんです。そのうちに、「どうや？」って……。

九字というのは、切れたんじゃなくて、切るんです。刀を振り回したら切れたというのとは違う。切るんです。そうしないと、効かない。

加門　自分の意識が入っているということですか。

五條　本当に刃物を持って身を切ったら、血が出るから切れたってわかるけど、九字もそうなんです。切る。九字だろうが何だろうが全部そうなんだけれども、心の想念の世界で切るんです。それが効いたか効かないかというのは、端的に現れる。

私はお化けが見えませんから、切ったか切れなかったかわからないんだけれども、それでも、切っておかないとダメなんですよ。おうちをお祓《はら》いするときや家祈禱なんかをすると、九字を切って回って、後で施主と家族と私が気持ちいいと思えたら、そこで初めて、切れたことがわかる。

加門　なるほど。心の力なんですね。そういうときに、例えば病気平癒《へいゆ》のご祈禱とかなさったときにも、うまくいったとか、マズイとかわかったりしますか。

五條　「よっしゃ」というのはわかります、何となく。

加門　よっしゃはわかる？

五條　「あかん」というのは、ないですね。ただ終わってから、無性に腹が立って、怒ることはよくあります。

加門　何に対して、怒るんですか。

五條　お加持を頼んだ人に、「もっとちゃんとせい」と。それはもう経験です。後ろで一所懸命に拝んでいるかどうか、何となくわかるから。「これはあかんな」と思ったら、叱《しか》ったりします。

加門　「よっしゃ」というときは、普通のときと、どう違うんですか。

五條　何かが違うんです、自分のなかでね。自分ができたから「よっしゃ」というのでもないし、作法を間違わなかったから「よっしゃ」でもない。終わった後に、うん、気持ちいい、「よっしゃ」みたいなね。

加門　それは、結果的に本当に「よっしゃ」という感じになります？

五條　はい。

加門　うーん、今まで、本当に不思議なものとか幽霊とか、見たことないんですか。

五條　幽霊というか、何だろう、実は結構あるんですよ。天井まで昇ったこともあるし。

加門　何がですか。

五條　大学のときに、お盆に棚経《たなぎょう》のお手伝いに行くんです。で、友達三人とお寺に泊まって、夜寝ていたら金縛りになった。それで、ふっと目を開けたら、部屋のなかに木があって……。

加門　部屋のなかに、木がある？

五條　大きい木なんですよ。それは現実にある木ではないけど、その上のほうで、「お前は誰やー」って訊くんです。

加門　木が喋ってるんですか。

五條　いや、誰かが喋るんです。「お前は誰やー」って。それで面白いのは、本人は全然そんな気がないのに、思わず「金峯山《きんぶせん》の行者やー！」って口から出たのを覚えています。まだ、行者でも何でもないんですよ。

加門　へえ。

五條　「行者やー」って言って、それで、「お前は誰や」って問い返したら「わしは天狗《てんぐ》やー」って言うんですね。それで、ふっと気づいたら、背中を押されてて、天井にへばりついている。そのうちに下のほうで友達が寝ていて、「おいっ、おいっ」て言おうとしても声が出ない。そのうちにドーンって下に落ちて、もとに戻って、フーッって。

加門　それは、いわゆる幽体離脱《ゆうたいりだつ》みたいな感じですか。

五條　いや、違う。

加門　実際に浮いたんですか？

五條　と思ってます、私はね。

加門　じゃあ完全に、肉体も一緒に。

五條　背中を押されてたし、下には布団もあったし。

加門　布団ごとですか。すごいですね。それで、そのまま落とされたわけですね。

五條　ドーンと落ちて、普通に戻った。

加門　痛くなかったですか、衝撃は？

五條　ズドーンと落ちたんだけど、痛くはなかった。

加門　すごい体験ですねえ。まだ、なってもいないのに「行者や－！」って答えるのが素敵です。

五條　あの当時、そんなふうなことがよくあったんですよ。思い込みですね、きっと。でも、絶対に夢じゃないという話があるんです、二つか三つ。

加門　是非、聞かせてください（笑）。

五條　信じてくださいね（笑）。四、五年前かな、お寺で宿直していたんです。私はもう、宿直が嫌で嫌で。そのお寺は、結構そういうことがあるんです。感性の強い女のお坊さんとか若い僧がいたりすると、障子《しょうじ》がシュッと開いたりするんです。

加門　うわ。

五條　開くんです。私は行くたびに金縛りに遭ってましたから、もう嫌だって。

加門　そのたびに何か見るんですか。

五條　三回ほどある。一回は頭の上をバクが歩いてるんですよ。

加門　バク？　悪夢を食うバクですか。いいじゃないですか。

五條　なんか豚みたいでしたけど。別の尼さんも、違うところでバクを見たって言うんです。

加門　同じお寺の中で？
五條　はい。
加門　じゃ、いるんだ……。
五條　歩いている。
加門　それは重量感とか、現実のものとしての質感があるんですか。
五條　音はする。ガサガサ、ガサガサ、歩いていて。
加門　普通の物体と同じぐらいはっきり見えたんですか。
五條　しっかり歩いていた。
加門　面白いですねえ。
五條　はい。もうひとつはこの間、台風が来たときに、お寺の門の横にある小さなお社《やしろ》が風でふっ飛んだんです。それを拾って、とりあえず宿直室の窓のところへ置いておいた。それで、寝てるでしょう。すると、ふっと夜中に目が開いて、外がザワザワザワザワしている。こんな夜中におかしいなあと思っていたら、「おいっ、おいっ」て呼ばれるんです。それから、外の木の戸が、ガラガラガラーッと開くような音もする。ああ、誰か来たのかなと思って、戸を開けたら、誰もいないし、何もない。朝になって見たら、窓のところにお社があって、「ああ、あれに呼ばれたんだ」と。それで若い僧に、「お前、あれ元へ戻せ、こんなとこ置いとくな」って言ったんですけどね。きっと怒ってたんだろうと思って。

加門　ほう。

五條　それから、やはり宿直していたときですけど、廊下のほうから何かが歩いてくる。ヒタヒタ、ヒタヒタと。「あ、誰か来た」と思ったら、障子をダダダッて叩《たた》くんです。うわっ、何だ、誰だろうと思って「誰やーっ？」て、障子を開けたら誰もいない。いないけれども、足音だけが、ヒタヒタ、ヒタヒタって向こうのほうへ行くんですよ。

加門　ええ？　それ、怖いですよ。

五條　その足音が行った先に、カエルの置物があってね。それが、夜中によく歩くらしいんです（笑）。

加門　カエル……。今の話はみんな、そのお寺でのことですか。

五條　そうそう。

加門　すごいなあ。そういうのに遭ったら、後で怖くて眠れないとか、そういうことはないですか。

五條　ないですね。まあ金縛りは別として、攻撃されるわけでも、縋《すが》ってくるわけでもないから。そんなもんですわ。私の場合は。

加門　いやいやいや、充分ですよ（笑）。そういう体験をなさったとき、例えば、バクのときは、ここにバクがいたら変だと、普通思うじゃないですか。「天狗だ」と言われたときも同じですよね。でも、五條さんのなかでは、それが天狗の声だと素直に信じられるという……。どこをもって、本当にその存在があるものだと確信なさるのですか。

五條　その雰囲気のなかであったら怖くもないし、何か信じざるをえないという感じなんですね。天狗だと言われたら、五感のなかで、ああ天狗か、と。そういうときって、何か違いますね、雰囲気というか、鳥肌が立つというか。何かそういう表現なんでしょうけれども、実際に空気が変わってますもの。

加門　となると、見たことなくても、当然、幽霊とかもいると思ってらっしゃる。

五條　幽霊、いると思いますよ、見たことないけど。

加門　神仏も。

五條　ええ。

加門　それは経験上ですか。ああ、やっぱり神様、仏様っているって、しょっちゅう思ってらっしゃるかもしれないですけど。

五條　どういう姿形をしているかはわかりませんが、そういう存在は必ずあるだろうし、常に我々のことを見ておられるだろうし、という感じですね。

加門　例えばお山に入りますよね。すると、大木とか岩とか、ご神木《しんぼく》や磐座《いわくら》になっているものからなっていないものまで、たくさんあると思うんです。自然そのもの。そういうものにも、魂《たましい》というのは認めますか。

五條　はい。岩なら岩にというか……。私、奥駈のときにいつも触る石があるんです、好きな石が。やはりそれは大地と通じているんですよね。大きな木とかも通じているのでしょう。そういう意味で、そこには魂はあるのだろうとは思います。

加門　大地と通じているというのは、その岩を触ると、そういう感触を得られるということ。

五條　何か気持ちいい、ありがとうっていう、何かそんな感じが。しませんか？

加門　しますね。でも、私はあくまで質問する側なので、自分で納得してちゃダメなのよ、みたいな（笑）。

ええと、では、スケールを大きくしまして、大峯山。大峯山は全山聖地と言ってもいいと思いますが、なぜ聖地なんだと思いますか。

五條　お山全部、どの山でも聖地というのが修験道の捉《とら》え方です。そのなかでも特にあそこには蔵王さんがおられて、山伏がよく歩いている聖地です。

加門　それは、人が守ってきたからこそ保たれているものだと思うべきなんですか。それとも、もともと霊性が強い土地という感じなんですか。

五條　もともと強いんだと思います。強いからこそ、みんなが来て、手を合わせて信仰する。だから守られる、生かされる。あそこがこれまで残ってきたというのは、やはりそういう霊性があったから守られてきたわけで、そこら辺の普通の山は、霊性がもうひとつうまく出てないから削られてしまうのかなとも思います。

加門　なるほどね。修験道というのは、そういう山で修行することだと思うんですが、平地ではなく、山でやること自体にも意味がある。その山の力って、何だと思えばいいんでしょうか。

五條　山というのは曼荼羅、仏さんです。そのなかで修行させていただく。そこには当然、仏さんの気もいっぱい出ているし、森林浴的な気も出ていて、そのなかへ入らせていただいて一心同体になるわけです。大自然と一体となって修行する。一体になるというのは、お山というものがこの自分のなかにもある、自分のなかに仏がある、と実感することです。

私が大峯山を歩いているうちに、大峯山の部分もまた、自分のなかにあることに気がついた。溶け込むんですね。別ものじゃない。自分のなかにあるものと山とは別ものじゃないと思ったときに、そこが聖地であるわけです。それを里に出てわかりやすく表そうというときには、仏像をつくったりするんですね。蔵王堂の蔵王権現みたいな大きな大きな像をつくらないと、その感覚を表現できないのでしょう。でも、山へ入って、一対一で歩いていると、それがそのまんま自分のなかにあることに気づく。それが、大峯とか聖地と言われるところの大きさなんですね。大きいけれども、こんなに小さい自分のなかにも同じものがある。そういうふうに思っています。……答えになってへんね

（笑）。

加門　いえ、感覚的にはわかるんです。でも、わかると思っても、全然違うことを思ってる場合もあるし、もっと言語化できるのなら、していただきたいと思うのですが。

五條　地球と言ったら大袈裟《おおげさ》ですけど、むき出しの大自然、大地の気持ちが、そこに出てきているところが聖地でしょう。

加門　すべてが許容力のある、優しい場所ばかりじゃない。

五條　ないですね。反対に厳しいですよ。だからそれを征服しようとするのが西洋の登山で、私らは征服せずに歩かせていただく、入らせていただくという感じです。

加門　最後に、非常に抽象的な質問なんですけれども、将来こういう宗教的な世界というものは、日本においてどうなっていくと思いますか。また、どうなっていってほしいと思われますか。

五條　修験道に入って修行しろとか、伝統教団、あるいは新興宗教に入って修行しろとかは言いません。そんなことをしなくても、ごく普通でいいんです。

　昔の人は、別に出家や修行をしなくても、どこにでも自分を超えたものがあるということを知っていて、そうしたものに出会ったときには、みんな素直に手を合わせて、ありがとうという言葉がすっと出てくる。自然を超えたものに対する畏怖《いふ》する心というものを、もういっぺん気づいて欲しいですね。われわれ修行者だけでなく、日本人全員がそうなってもらいたい。それを目指したいし、そうなったら嬉《うれ》しいですね。

加門　なると思いますか。

五條　具体的にどうするかはわからないけれど、そうしないといけないでしょうね。

インタビューを終えて

どんなに知識を持っていても、その場を知っている人の説得力には敵《かな》わない。

「悟り」だとか「無になる」だとか、素人には及びがたい宗教的目的をどのように感じ、体得していくのか、五條氏は本音の部分で語って下さったように思う。

特に修行の意味においては、実践者の立場からとても貴重な示唆《しさ》を頂いた。氏の言葉を聞いて、私は初めて修行という行為が持つ意味――そのひとつに触れたと感じた。

もちろん、修行経験のない私が理解できたのは、表層でしかないだろう。だが、五條氏の言葉には、無知な私もが頷《うなず》いてしまうほどの力強さが漲《みなぎ》っていた。

説得されたわけではない。氏の語り口には、まったく気負いというものがない。それは「身についている」からこその自然さだ。

本当に、本物の修行を積み重ねてきた人だからこそ、氏は気負いを捨てている。だからこそ、リアリティがある。

いくつかお話下さったエピソードも同様だ。半端《はんぱ》な心霊好きだったらトピックスとして語る話を、氏は単に「あったこと」として語る。

霊的なものが人生の一部であるからこそ、氏の話は自然だし、人生の一部であるからこそ、真剣にそれらに向き合っていく。そして、真剣だからこそ「日常」を語る言葉に凄《すご》みが出てくる。

五條氏の世界では霊能者は「いっぱいいる」し、神仏も天狗も当たり前に存在している。

前言でも記したように、私はそれを信じるとは、もう言うまい。五條氏の言葉を借りるなら「五感のなかで、ああ天狗か、と」——真実、素直に思ったからだ。

現場の言葉は、机上の理論を何万積んでも敵わない。

氏の住む世界は、紛れもなく、この日常に存在している。

竜宮が見守るあたたかな祈り

高橋《たかはし》恵《けい》子《こ》氏（ユタ）

＊　＊　＊

初めてお目に掛かったのは、拙著『うわさの神仏　其ノ二――あやし紀行』（集英社）での取材だった。

そのときの氏への認識は、沖縄の宗教文化の研究者というものだった。だが、それから数年後、『暮らしの中の御願《うぐわん》――沖縄の癒《いや》しと祈り』（ボーダーインク）というご著作を拝読し、私は自分の認識が間違っていたことに気がついた。

本の中には沖縄の宗教文化儀礼の数々が、ご本人の体験を通してわかりやすく記されていた。人魂《ひとだま》を見た体験。お呪《まじな》いや祈禱《きとう》をして、人の病気を治した体験……。

驚いたのは当然だろう。私は氏を「普通」の研究者だと思い込んでいたのであるから。

もちろん、本土の霊能者の中には社会的な仕事をしている人も大勢いる。だが、私が沖縄の霊能者に持っていたイメージは、文化に根付いた伝統的技術継承者・神に選ばれし専業者――即《すなわ》ちユタやノロという専門職のものでしかなかった。その認識と、お目に掛かった高橋氏はかけ離れていた。

だが、私の拙《つたな》い思い込みは、再会によって見事に覆《くつがえ》された。紛れもなく、氏には力があった。

高橋氏の話を聞く内に、私は「ユタ」は「霊能者」をウチナーグチ（沖縄の言葉）で言ったに過ぎない言葉だと思うようになってきた。

沖縄に生まれ育った氏の宗教観は、当然、地元の文化に根ざしている。しかし、氏の話は本土の霊能者達にも、充分、通用すると思われた。違いがあるとするならば、能力自体の差異ではなく、霊能者を囲む環境だけだ。それが特異なものに映るのは、沖縄という環境が、我々本土の人間から見て、特異なものだからに過ぎない。

その精神の芳醇《ほうじゅん》さ。心霊的なものへの寛容さ。それらは今、大和《やまと》にはない。

私達が不必要だと思い込み、捨ててしまった大事なものを、沖縄はまだ持っている。

その豊かさのひとつの証《あかし》が、高橋氏の言葉にはある。

ユタになる人ならない人

加門　実は昨日、ひとりのユタ（沖縄の霊能者の通称）さんに取材を断られてしまいまして（笑）。事前に「神様に訊《き》いてみる」みたいなことを仰《おっしゃ》っていたので、ダメだと言われたとき、とっさに「それは、私に何か悪いものが憑《つ》いているということでしょうか」と訊いてしまいました。

高橋　いや、そういうことではないと思いますよ。安心して（笑）。やっぱり、文化の違うところからこうやって来られる人に対しては気を遣《つか》うとか、いろいろな考えがあるのだと思いますよ。だからハンダン（判断・占いのこと）をするのを見せてくださいと言っても、嫌がる人も多いですね。

加門　要は、カミゴト（神事）をマスコミとかそういうのに載せたくない、と。

高橋　快く思わない人もいるかもしれません。神様のことについてはタブーがあったりして、一切取材を拒否するとか、ウタキ（御嶽）に立ち入りを禁止するということもある。

それに神様に仕えている人は、何でも知っていなければいけないというような気持ちが、皆さん、あると思うんですよ。また、ユタは皆、自分が沖縄で「一番優れている」と、それを強調するんです。だから、何でも知っていなければいけないと思うんでしょうね。沖縄人同士だったら、そのなかにある雰囲気とかもわかるんですけど、やっぱり本土からだとね……。私も大体お断りしています。時には撮影の依頼で、お祈りをしている振りをやってもらえませんかということもある。もう、冗談じゃないですよね。

加門　失礼ですね。

高橋　神様に対して失礼ですよ。私は神を信じて、心を込めて祈っているので、そんないい加減なことはできません。

加門　撮影って、本土の人が来るんですか。

高橋　来ることもありますね。最近は昔よりも目に見えないものとか、霊感ということが見直されているというか。そういうのもあるのかな、と思う人がかなり増えた気がします。ひと昔前くらいまでは、歳《とし》を取ったお婆《ばあ》ちゃんとかが信じているという感じだったんですけど、今うちには若い子も来ますよ。

加門　一時期の心霊否定の反動みたいなのが、出てきているように思います。ただ、そこに問題もあるんです。興味を持つ人は増えているんですが、本土の、特に都会の場合、村の相談役みたいな拝み屋さんが身近にいない。そうすると、テレビとかマスコミに露出している霊能者だけを基準にしてしまう。まあ、善《よ》し悪《あ》しはともかく、ああいうタイプのイメージだけが固定化されてしまっていて……。

本当はもっといろんなタイプの能力を持つ人たちがいて、力の方向も千差万別だし、特別な生活もしていない。そんな当たり前の霊能者というものを、きちんと知ってほしい。正直、胡散臭《うさんくさ》い人もたくさんいますからね。興味があるのなら、見極める目を持たないと。

高橋　そうですね。仰るように、沖縄にもお金儲《かねもう》けのためにユタの真似《まね》をする人はいますから。

加門　ご本（『暮らしの中の御願』）のなかに、ユタになっちゃいけない人がユタになるというお話がありましたね。実は本土でも、霊能力をつけて霊能者になりたい人って、たくさんいるんですが。

高橋　沖縄のユタは修行を積んでできるものではないと、私は思うんですよ。

加門　生まれながらの能力ですか。

高橋　はい。沖縄にも修行してなる人はいますけどね。ユタと一緒に歩いて、その人が拝むものを見て、見よう見まねで、お祈りの言葉は言える。だけど、やはりそういうものは習ってやるものではなくて、その人が本当に、人を助けなければいけないチジ（守護霊）を授かっているかどうか……。チジのない人は結局、最後はできない状態になるみたいですよ。

例えば不幸が起きたり、ターリ（垂れ。二〇四・二一四頁参照）をしたり、カミゴトに従事できなくなっていくようですね。それは神から「あなたは違うでしょう」というカミヌタダシ（神から過《あやま》ちを正されること）がくるということもあるようです。その点は医者と同じで、注射を打つことはできても、免許がなければその行為をしてはいけない。

加門　なるほど。実際、免許みたいなものがあると伺いましたが。

高橋　沖縄の人はそう言っています。「神様から帳簿が下りる」と。実際のものではなく、イメージですね。

加門　高橋さんは、帳簿はいただいたんですか。

高橋　いいえ。

加門　でも、かなりいろいろなご経験がありますよね。

高橋　小さいときから、霊を見るとか、感じるとかは体験しています。

霊に乗り移られる――方言で「カキラリーン（かけられる）」と言うんですが、母の話だと、私は三歳ぐらいの頃《ころ》から「ここに先祖の誰々《だれだれ》さんが来ている」と言ってたそうです。霊を見る場合もあるんですが、亡くなった人から、かけられて、その人が患《わずら》っていた病気と同じところに同じ痛みがくることがあるんです。病気がそのまま体に移るという感じで、痛くて痛くて。そうなると、側にいる人が「この痛いの、誰がかけているんですか」と。

加門　高橋さんに訊くんですか。

高橋　ええ。訊かれたら、誰々と、私は答えます。

加門　わかるんですか。

高橋　わかりますね。言っていますよ、言葉で。

加門　意識はないんですか。

高橋　意識はありますね。全部なくなるわけではないですから。

加門　口から勝手に出てくる感じなんですか。

高橋　大体そうです。それで「私は誰々です」と答えると、側の人が「何で、かけているの」と尋ねる。「私の願い事を聞いてほしいから、この子にかけているんだよ」と、霊の言葉を私が伝えるんです。

そうしたら、たいてい誰かが、私の頭頂に塩を置いて、塩をちょっと舐《な》めさせて、「この子は子供ですから、何もわからない無知な子ですから。だから、この子にかからないでください」と。そういう意味の呪《まじな》い言葉を言うと、パッと外れるんです。

加門　いなくなるんですか。

高橋　いなくなるというよりも、かけられている状態から解放されたという感じですね。

加門　かけられているとき、相手の容姿とかわかるんですか。

高橋　わかる場合もありますね。

加門　見える？

高橋　いや、感じるんです。心に感じるんですよ。

屋根の上を飛ぶ光

加門　そういうことが起きたのは、三つぐらいのときからですか？

高橋　ええ。それから、小学校くらいの頃はよく「タマガイ（魂上り）」という火の玉を見ましたね。タマガイは人の亡くなる前触れなので、タマガイが落ちるのを見たら、その家に知らせなさいと言われていたんです。知らせて、そこの人が厄《やく》を祓《はら》うとか、理由や原因をユタに習うとかして厄祓いをすると助かる場合があるから、と。だから見るたびに、そこの家に行って、こんなでした、あんなでしたって伝える。

でも、告げに行くと怒鳴られたり、叱《しか》られたりして泣いて帰ってくることが多いんですよ。タマガイは不吉なものですから。喜ぶことだったらいいのですが、不吉に繋《つな》がることなのでね。相手を助けようと思って伝えに行くんですが、やっぱり言われたほうは不吉なことを言いに来たという感じになってしまって……。子供が言うことは信用できないとかね。もっとすごいことを言われて、泣いて帰ったことが何度もありました。

加門　可哀相《かわいそう》。でも、追い返す側の人も信じているから怖いんですよね。

高橋　そうだと思います。普通は大体信じて受け止めて、ユタのところに習い事をしに行くんです。一度、タマガイを見て知らせに行ったら「子供が言うのは信じられない」と、そこのお婆ちゃんに怒られて帰ったことがあって、それから一週間ぐらいして、その家の男の子が亡くなったんです。

その後、お婆ちゃんがユタのところに行ったら、「カミンチュ（神人）が、あなたたちを助けようと思ったのに、手から漏《も》れていったね」と言われたんだそうです。それで「後悔している」と、わざわざ言いに来てくれたこともありました。

加門　大変ですね。そのタマガイというのは、魂《たましい》とは違うものなんですか。

高橋　違いますね。タマガイというのは、光ですよ。火の玉。

加門　いわゆる人魂。

高橋　ええ、屋根の上すれすれを横にスーッと。後ろの火がずっと尾を引いてます。

加門　速いんですか。

高橋　そうそう。重みがあって、大きさもさまざまあって、色も赤い色は女性で青い色は男性のようです。そして、必ず尾を引いている。それで、スッと下のほうに落ちるんです。落ちて消えたところに、厄が落ちると言いますね。

加門　人間の霊、魂とは違うんですか。

高橋　どうなんでしょう。沖縄の人は、魂は抜け落ちると信じているんですよ。だから一瞬、体から離れたものが見えるのかな。私もいろいろ考えるんですけど、はたして……。沖縄の人は転んだときとか驚いたときには、マブイ（魂）が落ちると言います。

加門　聞いたことがあります。落ちたマブイは見えるものなんですか。

高橋　いえ、見えないですね。魂は見えない。

加門　じゃ、やっぱりタマガイというのは魂じゃないのかな。本土のほうだと狐火《きつねび》とか鬼火《おにび》とか、妖怪《ようかい》みたいなものが火を出すという話もあるんですけど、それともまた違いますか。

高橋　違うと思います。私は何度もタマガイを見ているので、隣近所から怖がられましたよ。うちの人も「まさか」と言うんですけど。

加門　つらいですね。

高橋　だから、見ても言わないでおこうかと思うんですけど、でも、やっぱり助けないといけないという使命感みたいな心が出てくるんです。

加門　見えるのは、タマガイだけではないんですよね。

高橋　亡くなった人が見えたこともありました。亡くなっているとは知らなかったんですけどね。門のところに男の人が立っているのが、一瞬だけ見えて。そういうのを見たときには、もう鳥肌が立って……。

翌日、近所の人に聞きに行ったんです。「あそこに若い男の人がこういう格好で立っていたんですけど、何で見えたんですかね」と。そうしたら「あ、息子が亡くなったので、本土から連れてきたみたいよ」と。

加門　本土から？

高橋　本土から、亡くなった後に火葬でもして連れてきたんじゃないですか。それから、しばらくそこを通れなかった、怖くて。

加門　やっぱり怖いですか。

高橋　怖いですよ（笑）。もう、本当に怖いですよ。タマガイも、見たときはもう、家のなかに履物《はきもの》を履《は》いたまま入るぐらい怖いです。

加門　そういうのって、見た側に厄はつかないんですか。

高橋　それはないですね。沖縄では見る人はサーダカ（霊力が高い）生まれをしているから、人を助ける生まれをしているから見るんだって言いますね。だから、見たからといって、見た側に厄がつくことはないです。必ず上がるところじゃなくて、落ちたところに厄がつく。

加門　上がるというと、出てくるところもあるんですか。

高橋　ありますよ。どこかの家から上がって、どこかの家に落ちる。どんなに遠くても、どこそこの家とわかります。不思議ですね。

加門　出てきた家には何かあるんですか。

高橋　そこの厄をみんな持っていくとも言われていますけど。

加門　あ、厄が移動するんですか。

高橋　そのようです。上がるところはいいけれど、落ちるところは良くないと。

加門　うーん。本土の人魂の考えとは全然違いますね。

高橋　そうですか。

加門　本土では、幽霊も人魂も、見た人自体にも影響する話が多いですね。変な話ですけど、私も一回、人魂だと思うんですけど、そういうのを見たことがあるんです。夜歩いていたら、電柱のところに野球のボールくらいの大きさで、暗い緑色のが、やっぱり尾を引いて二匹……二匹じゃないか（笑）、二つぐらいもやもやとたぐまって、ふっと消えたんです。そしたら、その晩、四十度近い熱を出して……。だから、悪いものなんだと思ったんです。けど、今のお話を聞いていると、見た側とは全然関係がないんですね。

高橋　私も一度、火事の玉を見たことがあります。そのときは厄除けの呪《まじな》いみたいなことをしました。火事の玉というのはタマガイとは違っていて、お月様くらいの大きさで真っ赤な……。私は、本当にお月様が落ちたのかと思いました。家の上に真っ赤な玉がパッと見えて、落ちたんです。

私はまだ小学生で、一緒に遊んでいた友達に見たとおりのことを話したら、「口に指をくわえて、けんけんけんして、私が見たんじゃない、犬が見たんだよと言って、三回ぐるぐる回りなさい」と言われて、そうしたんです。それから後に、落ちたところの家が、火事になったんです。そのときは、私は知らせには行かなかったんですけどね。

加門　何で知らせに行かなかったんですか。

高橋　私はタマガイはわかるんですけど、火事の玉は初めてだったので。子供だったから、呪《まじな》いをしたら大丈夫よと言われて、それをやればいいのかと思って。

加門　何が起きるか、わからなかったんですね。

高橋　そうそう。初めてのことだから。

加門　お友達も一緒に見たんですか。

高橋　一緒にいたけど、友達は見ていませんでした。

加門　同じ場所にいても、見える人と見えない人がいるんですね。

高橋　そうですね。最近は……見えないというより、明るすぎますね。

加門　夜が？

高橋　ええ。昔は外灯がないから、その光がよくわかったんですけど、今は夜になっても外が明るいので、落ちてもわからないのか。それとも、私がそれを見ることができなくなったのか。でも、大人になっても一度、見ています。そのときは暗い場所でしたけど。

医者半分ユタ半分

加門　ご本で、サーダカ生まれと言われて嫌だった時期がある、と書かれてましたが、何が嫌だったんですか。

高橋　やっぱり、よく霊がかかるんですよ。乗り移る。人の家に遊びに行ったりすると、そこの霊にカケラレ（乗り移られる）たりすることもある。例えば、友達の家に遊びに行ったときに、もう腸がねじれるほどお腹《なか》が痛くなったんです。それで彼女に「こんなにして、亡くなった人がいるんじゃない」と言ったら、「自分の母親が、腸の癌《がん》だった」と。

そういうとき、信じる人だったら彼女に母親の思いを伝えて、すぐに解放されますけど、信じない人だったら、それが伝えられないので、いつまでもカケラレて、とても大変なんですよ。

加門　成人なさってからはどうでした？

高橋　私の場合は結婚してから、ずうっと自律神経失調症と言われました。病院に行くと、どこも異常はないんですけど、右のお腹がずっと痛かったんです。病院へ行っても病気がないというのは、沖縄の場合はやはり、霊からメッセージを送られていると判断するんですね。

そういう環境のなかで育っているので、自分でも感じていたんです。小さい頃から、ユタのところに行ったら、この子はサーダカ生まれをしているから、人助けをしないといけないと言われていましたから。けど、私はそういうカミゴトをやるのに抵抗があって……。主人も本土の人ですし、話しても全然理解してもらえない。本当に苦しいというか、大変でした。

加門　ご主人は全然信じてらっしゃらなかったんですか。

高橋　信じていないようでしたね。

加門　今でも？

高橋　今はもう大体は……。普通の病気ではなくて、相談者がどこかの痛みや病気で悩んでいるときに、その原因が霊的なものだと私も同じところに痛みがくる。もちろん、全部わかるというわけではないですけれど、そういうときには、お祈りをすると治るんです。

私のところには沖縄の人だけでなく、本土からも、お医者さんやその家族の人たちが病気をしたときによくいらっしゃいますよ。そして神様にお祈りをして病気が良くなったということで、その人たちから感謝のお手紙をいただいたり、お礼の品をいただいたりすることもあります。

この間も本土の知人がお友達を連れてきまして、その人が癌の手術をしないといけないということで、可哀相だからお祈りをしたら、帰ったあと、手術をしないでよくなったと言ってくれました。お医者さんもびっくりしてたそうです。

加門　そんなにあからさまに治るものなんですか。

高橋　不思議ですよね。手術しないといけないと言われていて、お祈りをしたら、手術しないで済んだ人が何人もいるんです。それで、良くなった人たちが手紙をくれたり、感謝しに来てくれます。主人もそれを見ているのでね。

加門　信じざるをえない。

高橋　そうそう。

加門　いいですか。手紙に目を通して。

高橋　どうぞ。皆さん、こうやって書いてくれるんです。

加門　さっき、霊的なものだと乗り移ると仰ってましたけど、そうではない、ただの病気というのも当然、あるんですか。

高橋　それは、あるでしょうね。だから私はいつもまず、病院に行ってらっしゃいと言うんです。沖縄には、イシャハンブン・ユタハンブン（医者半分、ユタ半分）という諺《ことわざ》があります。それは医者に行って良くならなければユタに行ってみるということです。

病院に行っても良くならない、どんなにしても良くならないというときには、お祈りしてみましょうね、と。お祈りすることで、病気が良くなるということもあります。

加門　（手紙を見て）医者が自分の患者を手術するときに、成功するように祈ってくださいって……。そういうのも多い。すごいですね。

高橋　いろいろあるんですよ。この手紙は京都の脳外科の先生で、何時何分、手術するから、お祈りをお願いしますって。この方は何度も、いろいろな経験があるので（笑）。

加門　へえ。東京の××病院のもある。手術のときには、手術の時間に合わせてお祈りするんですか。

高橋　いえ、そうとは限らないんですけどね。お祈りを前もってやるときには、神様に「誰々さんがこういう手術をすることになっていますので、どうぞお医者さんにいい知恵といいひらめきを与えて、医者の手を借りて、その人の命を生かすように。また手術も成功するように導いてください」とお祈りするんです。

それで、そのとき神のウイシ（お告げ）や私が感じることがあったら、その人に伝える。例えば、先祖に感謝をしたり、供養《くよう》したりすることがあればそれを伝えます。

守護霊は竜宮の神様

加門　そういう拝みの知識みたいなのは、いつぐらいから勉強なさったんですか。

高橋　勉強じゃないです、自然に。私は多分、今までの拝みの方法とは違った方法をしていると思うんですよ。

加門　じゃ、師匠はいない。

高橋　いませんね。ただ、自分の守護霊を祀《まつ》っています。

加門　守護霊を。

高橋　ええ。守護霊にお願いをするようにしています。私、数え年の四十九歳のときに、もう死ぬんじゃないかと思うぐらい具合が悪くなって、神様の道に何か不足があるから具合が悪いんだと思ったんです。そのときから一所懸命、神様にお祈りするようになりました。

加門　それが転機だったわけですね。どの段階で、自分の守護霊を悟《さと》ったんですか。

高橋　メッセージはずっとあったんですけど……。私の娘が大学に入ったときに、あの子が、私が知人にアドバイスする前に、その人を見て、あの人はどうだとか、この人は病気ではない、何かがカカっているんだとか。全部見えて言ったんです。

加門　娘さんも、そういう能力がおありなんですか。

高橋　いいえ、急にです。それで私に「お母さんがもし神様に仕えなかったら、私はこういう行為が止まらなくなる」と、娘から言われたんですね。

せっかく大学に入れて喜んでいるのに、私が神様を拒んだために娘がそんなことになってしまったら大変だと思って。それで、神様に自分のスクブシ（職務）は果たしますから娘にカケないでくださいとお願いをしました。

加門　娘さんは、そのときのことを憶《おぼ》えてらっしゃいますか。

高橋　憶えていますよ。「お母さんの守護霊から言わされている」と、娘も言ってました。私の友達も「神様に仕えるようにしたほうがいいよ」って、毎日のように言ってましたね。彼女も私の守護霊から言わされていたようです（笑）。

だから、神様を祀る決心をし、まずは主人に神様を祀って拝んでもいいですかと訊いたら、「あなたが幸せになることだったらいいでしょう」って。家族みんなに訊かないといけないのでね、息子にも訊きました。皆、すんなり受け止めてくれましたね。

加門　よかったですね。

高橋　ええ。昔は本当に泣いていたんですよ。理解してもらえないし、苦しいし、だからといって、私が公《おおやけ》にユタの家に行くといっても難しいし、行っても、どこでも教えてもらえない。

加門　教えてもらえないんですか。

高橋　そうです。どこに行っても、納得する人に巡《めぐ》り合えない。結局、自分でしか道は開けないんです。自分でチジ、守護霊にお願いをして「どういうことを私はしたらいいんですか」と……やっと、チジを悟って。

今はもう落ちついて、いつもお祈りをして、すごく恵まれています。本を出版することもできたし。息子も今、オーストラリアで珊瑚《さんご》の研究をしていて、なんでも世界的な研究誌に論文が発表されたりしてね。私の守護霊は竜宮の神様なので、珊瑚礁《さんごしょう》の研究だったら絶対いいように導かれるよと言っていたんですよ。

加門　じゃあ、今はお幸せですね。

高橋　とても幸せです(笑)。

加門　細かいことで申し訳ないのですが、なぜ、守護霊が竜宮の神様だとわかったんですか。

高橋　備瀬《びせ》のほうに、この竜宮の神様がいらして、そこにいつもお参りに行っていたんです。そこからメッセージを受けることがあったので……そこに繋ぐという形ですね。

加門　では、ここの神棚は中継所という感じになっているわけですね。

高橋　そうですね。

加門　ほかのユタさんの神棚とかも、同じ感じなんですか。

高橋　いいえ、みんなそれぞれ違います。千手観音《せんじゅかんのん》を祀っているところが多いと思います。

加門　観音様が多いんですか。

高橋　多いですね。本当に自分の守護霊がわかっているという人は、少ないみたいですけど。

加門　すると、漠然と観音様を信仰しているという感じになるわけですか。

高橋　そうですね。自分の守護霊を知るというのはとても大変なことです。一生かかってもわからない人もいる。わからないから、千手観音を拝んでいるという人がわりと多いです。チジは人それぞれみんな違うんですよ。ユタのメッセージの受け取り方もやり方も、人によって違うんです。

例えば、ハンダンの仕方も、会話でやる人もいるし、民謡や古典の曲に乗せて歌で託《たく》宣《せん》する人もいる。見えると言っても、例えば「今、絨毯《じゅうたん》がずれて見えますよ」と。それで「それは何を意味しているんですか」と訊くと、「落ちつかない人が家にいるでしょう」とか。

加門　その場合、そこのおうちに実際に絨毯があるとかではなく。

高橋　要するに状態を知るための、その人の感じ方ですね。なかにはお酒を飲んでやる人もいますよ。

加門　高橋さんは、そういうメッセージとかは、どうやって受け取るんですか。心にひらめくという感じなんですか。

高橋　ええ。でも、耳で聞こえるときもあるし、目に映って本当に見えるときもあるんです。

以前、お友達のところでお祈りしたとき、海の底に男の人が沈んでいるのが見えたことがあります。

加門　目を閉じてて見えたわけですね。

高橋　そうです。

加門　どういう感じで見えるんですか。テレビでも見ているみたいに?

高橋　そう言われても……。

加門　例えば「りんご」と言ったときに、りんごが思い浮かぶじゃないですか。そういう感じですか。

高橋　いいえ、目の前に見えますよ。

加門　画像として。本当に景色を見ているみたいに。

高橋　そうそう。お祈りをしていたら、目の前に、男の人が水の中に……。それで、お友達に訊いたら、知らないと言っていたんですけど、お父さんが戦争のときに海で亡くなっていて。

加門　それはたまたま見えたという感じですけれど、頼まれたときは見ようと思ってやりますよね。

高橋　そうですね。

加門　それはそれで、やっぱり見えるわけですか。

高橋　見えることもあります。でも、見ることはできなくても、相談者が知りたかったことを前もって言葉で全部話しているというときが、わりと多いんですよ。

加門　どういうことでしょう。

高橋　その人が聞きたいことを、私に聞く前に、私がその答えを話しているんです。

加門　質問する前に？

高橋　ええ。もう、答えを話している。あなたには、こういうことがあるんじゃないかとか、こうしたほうがいいんじゃないか、というようなことを普通に話していて。そのあとで、「何か聞きたいことがあったらどうぞ」と言うと「もうさっき聞いたので何もありません」て。へえ、という感じですよね。

だから、私自身はどうしよう、こうしようという気は全然ないんです。聞いて、わかれば教えてあげる。わからなければ教える必要もないですしね。

加門　わからない方というのもいますか。

高橋　あります。

加門　どういうとき、わからないんですか。

高橋　相手の心、魂みたいなのが通じていないときだと思います。例えば、私を試そうと思う人とか。友人が私のところへ来るときに「私も行って試してみる」ってついてくる人がときどきいます。そのときはもう、私、大体わかっているんです。

だから、「すみませんけど、連れのあなたには今日はできませんよ」と言うんです。そこで「なぜ」と言ったら、「わかりますよ。私は試されるためにやっているわけではないので、もし見てもらいたいんだったら、もう一度家から……、本当に心からやってもらいたいと念じて来てください」と言って、二人来ても一人だけ見ます。

加門　そういうときもあるわけですね。

高橋　ありますね。私はカミバン（神判）といってカミゴトに関する占いごとはあまりわからないんですけど、生きている人の心はよく見抜けるんですよ。その人が今どんな思いをし、どんな悩みを持っているのかとか……。だから、来る前からダメな人はわかるんです。

加門　わからないというより、その人には何も言う必要がないということですね。

高橋　そうですね。

願いは幸いを招く

加門　守護霊を悟ってから、修行みたいなことはなさったんですか。
高橋　ないですね。
加門　よく修行のため、ウタキを巡ったりという話を聞くんですが。
高橋　そうですね。でも、私はないです。私がユタのところに習いに行ったときも、あっちこっちウタキを拝みなさいって、よく言われました。でも私にはウタキを拝む意味がわからない。それで、何のために拝むのかと質問したら、説明できる人ってわりといないんです。自分もユタになる前にやったから、という人が多い。
　で、拝んで来れば、ひらめきも多くなるし、霊感も強くなると言うんです。けど、私はそういうのを強くしようという気は全然なくて。だから何もしていないですね。
加門　沖縄には、たくさんのウガンジュ（御願所）がありますよね。そういうようなところでも普通に行き来して？
高橋　昔は怖いから行かなかったんですけど、今はどこでも大丈夫です。
加門　守護霊を悟ってから、平気になったんですか。
高橋　そうです。中学生とか高校のときは、墓の前には絶対行かなかったですよ。人が亡くなったりしたところに行くのも怖い。一度、同級生が亡くなって、葬式に行って、帰ってくるとき、本当に大変な思いをしたことがあるんです。だから……。お祝い事は喜んで行くんですけどね（笑）。

加門　たしか、お母様もそういうお力があったって。

高橋　ええ。私は主人と出会う前に、母から本土の学者と結婚するって言われてたんです。

加門　へえ。おいくつぐらいのときですか。

高橋　大学時代ですね。それを聞いて、ほかの家族たちも笑っていたんですけど、本当に予言どおりに。

加門　そんなお母様を小さい頃から見てらして、どんなふうに思ってましたか。

高橋　大変だなと思っていました。母も守護霊を悟るまでは本当に大変な思いをしましたからね。だから、自分にもそういう気があると知って、とても悩みました。

加門　拝んでいるときだけではなくて、日常でも見えたりわかったりするんですか。

高橋　わかることもあります。道を歩くときも、あ、ここがおかしいねと思ったら、祓いをするとか、事故の場所とかは成仏《じょうぶつ》させてくださいと祈るとか、無意識のうちに神様に頼んでいる感じですね。

加門　意識もなくやっている。

高橋　そうですね。

加門　ちょっと失礼なお話になってしまいますが、否定的な人に言わせると、結局、そういう霊能というのは統合失調症の一種でしかないと……。

高橋　言いますよね。言われることもあります。

加門　そこら辺はどうお思いですか。

高橋　いや、別にどうも思いません。その人の考え方でしょうから。

加門　精神的な障害を持っている方のなかにも、本当に能力のある人はいますか。

高橋　いると思います。ターリと言いましてね。要するにユタになるまでにいろいろ障《さわ》りをされて、精神科に行く。そうすると、大体病気だと言われるんです。霊に障られて、霊がカカって、自分のチジが開け切れない。

そういう状態をカミダーリと言いますが、それで病院に行く人は沖縄にはいっぱいいます。そして、病院に行くと大体精神病と言われてしまう。

加門　本土でも霊的なことを口にして、おかしくなって病院に行く人が結構いるんです。でも、もしかしたら沖縄と同様、きちんと道を開ければ、そういう力が出て治る可能性があるんじゃないかと思う人もいるんですが。

高橋　大体ユタになるまでに、ほとんどの人が一度はターリを経験しています。聞こえないものが聞こえて、見えないものが見えたら、必ず病気と言われますね。でも、沖縄の場合は、そういうものに包容力があるというか、家庭のなかでターリだという見なしをして、その人にウイシ（神のお告げ）されることを聞いて、病院にも連れていき、ユタ事《ごと》をしたり、拝み事をしたりして、その人をずっと守ってやる。

そうやっていろいろなことにかかわることによって、その人も次第にターリから解放され、病気の症状が治まって、力がついて、ついにハンジ（占い）をすることができるようになるんです。

加門　もちろん、全員ではないですよね。

高橋　そうですね。ターリになる前にチジを悟った人はターリにならないですからね。

加門　先ほど、そういう能力のある人について、サーダカという言葉が出ましたけど。沖縄では女性にサーダカの人が多いと聞きますが、男性はどういう役回りなんですか。

高橋　どうなんでしょうか。沖縄ではこういう世界に入ると、男性は儀礼の準備をしたり、手助けしたりする役割が多いですね。例えば、ムンチュ（門中・一族の系統を示す語）でカミゴトの行事をするときは、女性が中心になってカミゴトに従事し、男性はそれの手助けをしたり、雑用をしたりという補佐的な役割でしょうかね。

加門　でも、ムンチュ自体を継承するのは男性なんですよね。

高橋　ええ、継承していくのは男の人。長男が継いでいきますね。シジ（筋・父系の系統）といいますけど。

加門　なんで、女性のほうがサーダカなんでしょう。
高橋　どうしてなのかな。でも、沖縄では大体、神様に仕えるのは女の人ですよ。
加門　伝統的なものだからそうなるんでしょうか。例えば女性のなかでも、サーダカじゃない……霊能がない人はいますよね。霊力が高い生まれと、そういうものにまったくかかわらない生まれの差は一体どこから来ているんですか。
高橋　やっぱり、ムンチュの継承については、伝統的なものかもしれませんが、サーダカに女性が多いというのは、守護霊との関係があるのかと思いますけど。
加門　というと？
高橋　守護霊がその人につくか、つかないかということですかね。守護霊がつくということは、サーダカ生まれをしているということですから。
加門　実際に神様、守護霊の姿を見たことはありますか。
高橋　いえ、観念的に自分で感じているだけで、姿が何々というようなものではないですね。光だと思っています。
　神は目に見えるものではないですから、誰かにアドバイスしたりするときは自問自答して、悩むときも多い。本当に大丈夫なのかな、と。これは大変なことなんですよ。
　例えば、お金。主人はお金にかかわることはなるべく言わないようにしなさいと言うんですけど、やっぱり来ている人が親しい人だったら、損はさせたくないですよね。それを伝えるべきかどうか、とても悩みます。お金のことは、たった数日で多くの損得が出るので、怖いですよ。でも私は、自分が感じたものは、相手に伝えてやりたい。自分の守護霊を信じていますから。

加門　訊かれてわかったことは、伝えなくてはならないんですか。

高橋　いいえ、必ずしもそうではないんですが、私は今まで結果として、常にいいように導かれてるから、伝えたいんです。外れて怒られたこともないので、ありがたいなと思います。しかしこれがもし外れたら、本当に大変なことですよね（笑）。でも、私は「最後の判断はあなたがすることですよ」と、必ず言います。

加門　やるやらないは、本人の責任ということですよね。

高橋　そうです。私は押しつけはしません。最後の判断、決断をするのはあなただから、ちゃんとよく考えて決めてくださいと、いつも言うんです。

加門　守護霊の話に戻りますけど、一般論として、守護霊とかを意識している人……霊能者に頼っている人でもいいんですけど、そういう人は依存しやすい傾向にあると思うんです。例えば、霊能者に何でもかんでも聞かなきゃ不安になったり、逆に悪いことが起きたら、すべて霊的なもののせいにしてしまったり。そういう依存と、純粋に守護霊を悟るというのは、どう違うんでしょう？

高橋　依存ということと、守護霊を悟るということはまったく違うことです。私も昔は依存がありましたけれど、今は大体プラスに考えるようにしています。もし事故に遭《あ》って、車は壊れたけれども体に怪我《けが》がなかったら、不幸中の幸いだったと思うようになりましたね。命拾いをした、それは神仏が守ってくださったんだと感謝します。それで悩んでしまったら、すべてマイナスですよ。だからプラスに生かすようにします。

加門　とても微妙な問題なんですけど、新興宗教の人たちも似たようなことを言います。事故に遭った。でも助かったのは、ウチの神様のおかげだと。その思考パターンって、布教にすごく役立っちゃうんですよ。私はやっぱり、ある種の宗教は贋物《にせもの》だと思っているんですけど、神や仏にストレートに感謝する気持ちと、依存心の強いものとの区別をどうつけていったらいいんでしょうか。

高橋　そこに利潤とか、お金を目的とするとか、いろいろなものが絡んできて……。難しいですね。

加門　難しいと思います。だから、この本を出すのも実はちょっと怖いんです。場合によっては、そういう人たちに利用される答えが含まれてしまう場合がある。そこの防波堤をどうつくったらいいのかなと。

高橋　要するに金銭関係とか、純粋な気持ちがない……。ううん、神や仏に感謝する気持ちは、常に持っているといいけれど、それによって一つの神や仏に依存しすぎて、周りが見えなくなるのはどうか、と。でも、それだけ依存する心を持っているというのは、純粋といえば純粋なのかな。

加門　ええ。カルト的な宗教に限らず、新興宗教の一般信者のほとんどは、それこそチジが見つからないみたいな感じで、そういうところに縋《すが》らざるをえなくなって入ってしまう人が多いんです。むしろ純粋な人が多いですよ。

高橋　そうかもしれませんね。でも、チジが見つからないから何かに依存するというのは違う気がします。

加門　見ていると、すごくお金を搾取《さくしゅ》されたりとか、偏狭になって他の神様を認めないみたいになってきちゃうわけですよね。

高橋　片一方に偏《かたよ》ることと、それからお金が動くこと。信仰にそういうものがあまり大きく動いたりするのは、私からすればやはり自然ではないですね。

神様はお金じゃない。相手が安心したり、幸せを感じたりするかどうかの問題です。神様はお金をあげようがあげなかろうが、教えるものはみんなに等しく教え、習いたいことに関して知っていれば教える。大切なのは、本当に感謝の気持ちだけなんですよ。

加門　感謝の気持ち……。そうですね。

高橋　感謝の気持ちを持って、人生にプラスに生かすように。「願いは、幸いを招く」と言います。常にそれをお祈りして、自分自身や家庭が満たされて、自分が本当にラッキーと思えれば、人にも幸せを与えられますよ。

インタビューを終えて

インタビュー自体、不思議なものだった。

事前に用意した質問表を用いる機会が、今回、ほとんどなかったからだ。理由は、聞きたいことの大半をこちらが問いかける前に、氏が答えてしまったことにある。最初、私は編集者が取材の趣旨を綿密に伝えていたのだと考えた。しかし、そうではないと確認し、正直、私は舌を巻いた。

「その人が聞きたいことを、私に聞く前に、私がその答えを話しているんです」

まさに、それは真実だった。

インタビューのみではない。氏は私のことをも見抜いていた。

当時、私は自分では解決できない悩みを抱えていて、本当を言えば、自分自身が占い師や霊能者に相談したい気分だったのだ。しかし、仕事で来ている先で個人的な相談を持ちかけることはできないし、するつもりもなかった。それを、高橋氏はズバリと見抜いた。

思えば、氏は最初から、アドバイスになるような言葉を随分、口にしていた。それらに私は「こういう考え方って参考になるな」と、仕事とは別の部分で勉強している気になっていたのだ。氏が決定的なことを口にしたのは、私がそんな「世間話」に納得した、まさにその直後であった。

普通の場合、私は尋ねもしないことを口にする霊能者は軽蔑《けいべつ》する。本人、サービスのつもりなのかもしれないが、私に言わせれば、それはプライバシーの侵害だ。覗《のぞ》き見《み》となんら変わらない。

だが、高橋氏の言葉は不快ではなかった。差異の理由はよくわからない。敢《あ》えて言うなら、氏の言葉は本当に、私が必要としていたものだった――そこに尽きると思われる。

優しさと、厳しさと、豊かさと。

高橋氏は沖縄の精神文化の深さを、私達に教えてくれた。

加えて、霊能者としての力をも、氏は充分に示してくれた。

普通の高校生がユタになるまで

平博秋《たいらひろあき》氏（ユタ）

＊＊＊

平氏は男のユタさんだ。

沖縄においてカミゴトを務める人は、ほとんど女性だと聞いていたので、男性のユタという存在は少し不思議な感じがした。が、のちに伺ったところによると、最近は男のユタさんも数が増えてきているのだとか。

何故《なぜ》、男性が増えてきたのか。その原因は不明だが、沖縄文化も深いところで何かが変わってきているのかもしれない。

平氏は真剣かつ積極的に、多量の質問に答えてくださった。そんな多くの話の中、何より印象深かったのは、神様に関するお話と、カミダーリの経験だ。

カミダーリはターリとも言い、文化人類学の方では「巫病《ふびょう》」という名称によって表される。

巫女《みこ》やシャーマンになる人が、その運命に導かれる前兆、あるいは運命を受け容《うい》れることを拒んだときに、肉体的、精神的な病気に陥《おちい》るというものだ。症状は自律神経失調症に酷似しており「巫病」という名称があるとおり、沖縄固有のものではない。前の章で五條氏の語った「霊能者になる過程で、苦労する人」も、のちに出てくる井川氏の「狐憑《きつね》き」の話も皆、同じ病の範疇《はんちゅう》にある。

だが、そんな学術的な蘊蓄《うんちく》は、平氏の前では色褪《いろあ》せる。氏の話には経験した者のみが語れる苦しさと厳しさがあった。

十代の最後。ある意味一番楽しい時期に、外にも出られず、苦しみ続けるというのは、想像しただけで胸が痛くなる。実際、その話をしたとき、平氏は涙ぐんでいた。その苦しさは「巫病」などという冷静な言葉で括《くく》ることは不可能だ。

ターリになる以前の彼は、どこにでもいる少年だった。それが突然、強制的に人生を変えられていく……。

何度も自殺を考えながらも、平氏は最後に神に巡《めぐ》り合う。劇的ともいえる氏の経験は、まさに、ひとりの霊能者誕生の物語といえる。

それは十七歳のことだった

加門　平さんは今、二十四歳ですよね。そういう能力が出て、ユタになろうと思ったのは、いつ頃《ごろ》からなんですか。

平　ユタさんて、前ぶれがあるんですよね。ある人もいるし、ない人もいる。

加門　前ぶれって。

平　ターリ（垂れ）といって、ユタになる前に、精神的に……。

加門　あ、知ってます。けど、ターリがなくて、いきなりなっちゃう人もいるんですか。

平　いますよ。自分の場合、高校二年生のときに心臓の発作が出てしまって、眩暈《めまい》がしたり、心臓がばくばくして救急に運ばれたんです。体じゅう全部検査をしたんですけど、何の異常もなし。でも、その後も何回も何回も救急に運ばれて……。

加門　それでは学校に通えなかったんじゃないですか。

平　もう階段も上がれなくなってしまって、一年間は保健室にいたんです。いくらきついと言っても信じてくれない人もいたけれど、理解してくれる先生もいたから、きつくなると保健室へ行ってました。でもそんなことがしょっちゅうで、今日もまた保健室って感じでした。

加門　理解してくれる先生がいたのはよかったですね。

平　沖縄には、霊感を持っていて体がきつくなる子は結構いるみたいです。先生が、前にもそういう子がいたよという話をしてくれて、「その子は学校やめたけど、あんたはやめないようにして、頑張りなさい」と言ってくれました。

加門　じゃ、一応学校は卒業したんですね。

平　きついながらも卒業しました。最後の一年間は毎日、父さんにタクシーで送り迎えしてもらって。

加門　お父様、ご理解あったんですね。

平　初めは信じていなくて、自分を病院に連れていこうとしていたんです。でも、信じて理解してもらうために、神様が、父さんのことを自分に予知させて、そのとおりになって……。

言ったことが当たっていたから、父さんもびっくりして、やっと自分を信じてくれた。それで、十九歳くらいの頃から、声が少しずつ聞こえてきたんです。

加門　神様の声？

平　いえ、霊の声です。いろんな音や声が聞こえて、もう、やばいなという感じでしたね。自分が外でひとりで喋《しゃべ》っていて、それを見た父さんが「誰《だれ》と何している」「幽霊と話をしているよ」と。そう言うらしいんですけど、自分は憶《おぼ》えていない。

加門　意識なく、そういうことが……。

平　どうなっているのか、ごちゃごちゃしていて何もわからない。これが日に日にだんだん強くなっていったんです。眠れないし、声がくっついて回るような感じでした。

加門　その声というのも、霊の声なんですね。

平　はい。なんか嫌がらせを受けているような感じでした。いきなり体が震え出したり、いきなり冷や汗が出たり、変な恐怖心に包まれたり。そういう精神的な圧迫が続いて、それを見かねて、父さんが病院に連れて行こうとしたとき、お母さんが「病気じゃないかもしれない」って言ってくれたんです。

母方のお祖母《ばあ》さんがカミンチュ（神人）だったから、きっと感じたんでしょうね。「何かあるかもしれないよ」と言って、ユタさんの家に行ったんです。そしたら、そこのユタさんに「伊平屋島《いへやじま》に行きなさい。そうすればよくなるかもしれない。そこで手を合わせてみなさい」と言われたんです。それで伊平屋島へ行って、手を合わせたら、その夜から、ぴたっと全部、止まった。

加門　すごいですね。それまでは、そういうウタキ（御嶽）みたいなところに行ったことはなかったんですか。

平　全然。信じもしなかったし、神様なんてありもしないと思っていましたから。それで、その晩、眠ろうとしたときに、「ヒロアキ君」という声が……。

加門　名前を呼ばれたんですね。

平　はい。声が聞こえてきたから、また始まったのかなと思ったら、いつもとまったく別の声で「神様だよ、神様がわからないの」と言われたんです。

加門　うわ。でも、すぐに信じられました？

平　いえ。納得するまで、ものすごい時間がかかりました。信じ切れないんですよ。またおかしくなったのかなと。そしたら、「こんなことがあるから、誰々を見ておいてよ」とか「誰々が来るから、掃除して」とか（笑）。

声が言うとおりに予知が始まって、それから少しずつ信じるようになって、また伊平屋島に拝みに行ったんです。で、本島に戻ってきたら、今度はご飯を食べられなくなって、三カ月間で体重が三十キロ落ちた。

加門　前はどのくらいあったんですか。

平　百十四キロです。

加門　太ってたんですね。

平　そのときは三カ月間、ほとんど水だけでした。なぜか水を飲まされるみたいです。

加門　水は、どんな水でも大丈夫？

平　はい。それで、ジョギングしていたんですよ、ご飯を食べないで。

加門　走るというのも、神様が「走れ」と言うんですか？

平　いや、それは指示じゃなくて、自分の意思というか。

加門　よく続きましたね。普通に暮らせたんですか。ふらふらになって、外に出られないということはなかったですか。

平　それがあるんですよね（笑）。やっぱり食べないと体にきます。それで、母親と出かけようと車を出したとき、また動悸《どうき》が始まって救急で……。それからまた、救急に続けざまに通うようになって。ご飯を食べるようにしてもよくならずに、二年間ずっと眩暈が続きました。そのときは自律神経失調症ということで精神科に通って、薬も飲んだんですけど、一向によくならない。

加門　薬を使うと、霊感ってダメになっちゃうとよく聞くんですけど、そういうことはなかったですか。

平　うーん、二年間薬漬《づ》けだったけど……。

加門　どんな薬？

平　精神安定剤です。ともかく眩暈がひどかったんですよ。歩けないし、お手洗いにも行けないくらい。もう「神様って何？」って感じで。ストレスで胃も壊しました。でも諦《あきら》めないで、神社も回って、線香を焚《た》いて「治りますように、胃が治りますように」と。

そうしたら、ある日、天照《あまてらす》さんが目の前にバンと降りてきて、この胃に手をガッと……。

加門　え、体のなかに手を入れられたんですか。

平　手で、ぎゅっと胃を握り締めるんです。

加門　うわあ。

平　そしたら、ぞくっとして、気がつくと「あれ？　治った」って。痛みも取れたんですよ。薬もその日から飲まなくなりました。それ以来、天照さんの姿をちょくちょく見るようになったんです。

加門　そのときが最初だったんですか。

平　いえ、初めてじゃなくて、以前にも見たことはあるんですけど、それ以来、よく見るようになりましたね。お姿を見せてくれたり、光を見せてくれたり……。

なんでそうなるのかって考えたんですけれど、そうやって、相手の身になりなさいとか人の痛みを知りなさいとかいう意味で、体に訴えているのかなと。きっと修行をさせているということもあるのだろうと。それからは、夜中に血圧で倒れたりとかありましたけど、そのうち、何か自然とコントロールできるようになった。
加門　今は体調はいいんですか。
平　はい。逆に危ない人が来たら、自分がやってもらったこととか、コントロールしてきたやり方を教えたり。

拝みの言葉は自然に出る

加門　学校に行っていたとき、彼女とかはいたんですか。
平　いたけど、いまはもう、つき合ってないです。
加門　やっぱりそういうふうになると、大変なのかな。さっき、学校の先生は理解してくれたと仰《おつしや》っていましたけど、同級生はどうでした？
平　同級生でわかってくれたのは一人ぐらいです。
加門　じゃ、ほかの人は？
平　ただ、笑っている感じです。
加門　それは、つらいですよね。
平　いいえ。あまり気にならなかった。
加門　今は、周りの皆さん、信じてますか。

平　今も変わらないですね。でも、こうなってからできた新しい友達のほうが信じてくれるから。

加門　お友達のなかにも、そういう霊感のある方がいらっしゃるんですか。

平　います、いっぱい。

加門　でも、男のユタの方って珍しいんじゃないんですか。

平　女のほうが多いみたいですけど、男の人も結構いますよ。

加門　男性と女性って何か違いがありますか。

平　男のほうは言葉が少ない。女性のほうは細かく言葉が多いんですよ。でも、大事なこととか、人の命にかかわるようなことであったりとかは男のほうが言うことが多いですね。

この間も、ケンジ君って友達の家のお祓《はら》いをしたんです。そうしたら「ケンジ君のお祖母ちゃん、心臓に気をつけてちょうだい」って報《しら》せが来たから、胸騒ぎがして、ケンジ君に電話をして「お祖母ちゃんにそう伝えて。心臓が危ないという気がしているんだけど」って。ケンジ君も何かわさわさしていたらしく、お祖母ちゃんに早速電話を入れたんです。それでお祖母ちゃんもちょっと心配になって、「十年も病院に行かなかったけど、行ってみようかね」と。それで病院に行ったら、血管が詰まりそうだったということで、すぐ入院しました。

加門　よかったですね。

平　でも、はっきり病院に行きなさいとは言っていないんです。そこまでは聞いていないし、自分もそこまではわからない。そのお祖母ちゃんは、よく手を合わせるほうだったから、救われたんでしょうね。答えが自分に回ってきて「助けてあげなさい」って。

加門　ターリになる前は、そういう経験はないんですか。

平　保育園の頃、一度だけ。台所の火の神様の前にパーマをかけた、髪の白い、着物をつけた女性が……。

加門　火の神様の前に。

平　台所で、パッと一瞬。

加門　それは何だったんでしょう。

平　今思うと、先祖霊だったのかなと。で、それを見て大泣き（笑）。

加門　怖くて？

平　怖くて。でも、それぐらいしかなかったですね。

加門　普通の人より勘《かん》はよかった？

平　いや、まったくなかったですね。全然普通でした。見もしない、聞きもしない、信じもしない。逆に神様に文句を言っていたくらいですから。友達と一緒に、「神様っているわけねえさ」と。霊能者の番組を見ても、絶対何か裏があるぞと思っていたし。だけど、否応《いやおう》なく、何かいるということを実感させられました。

加門　まあ、そこまでいろんなことをされちゃ、信じざるをえないですよね（笑）。母方のお祖母様がカミンチュだったって仰いましたが、その話は知らなかったんですか。

平　まったく聞いていなかったです。この道——神の道を歩んでいくうちに、出会ったユタさんが言ったんですよ。「あんたはお祖母ちゃんに守られているから」って。

加門　お祖母様は今も、ご存命なんですか。

平　いえ、もう早くに亡くなりました。それで、お母さんに訊《き》いたんですけど、なぜかお母さんは全然教えてくれないんです。お母さんの兄弟に訊いたら、「カミンチュだったよ」と教えてくれて。

それから、お祖母ちゃんに手を合わすようになったら、夢に出てきたり、姿を現すようになったんです。線香を供えているときも、こう言いなさい、ああ言いなさいと教えてくれる。パッと一瞬だけ姿を現して、ここではこう、ここではこう、と。

加門　じゃ、亡くなったお祖母様が直接教えてくださる感じなんですね。

平　はい。お祖母ちゃんのときもあるし、大日《だいにち》（大日如来《にょらい》）さん、天照さんが教えてくれたり。

加門　拝みの言葉とかは、どなたか、ほかのカミンチュの方から教えてもらったりするんですか。それとも自然に出てくる？

平　自然に出ます。本当は沖縄の方言で言わないといけないと思うんですけど、自分は真心そのままで。

加門　方言だと、どういう感じになるんですか。

平　決まりがあるみたいです。きょうのよい日に——チュウノヨカレヒニ、この気持ちを受け取ってください、シヌネガイデウガミシに来ました。ニシンセイコウシメテウタミミズノ……何かね（笑）。

加門　平さんは普段のお祈りは、方言じゃなく？

平　じゃないです。ときたま言葉がぱっと浮かんだら、それを使うんですけど、浮かばなかったら、もう自然に任せる。見たこと、感じたことをそのまま表現して、そのままを話して。

加門　非常に下世話な質問なんですけど、平さんは今、ユタのお仕事以外ないですよね。それで生計はきちんと立つんですか。

平　いや、厳しいですよ（笑）。でも、別の仕事はできないんです。したくてもさせてもらえない。でも、ここまでは寝ている時間が多かったし、お母さんにもずいぶんと苦労させましたからね。お母さんと一緒にユタさんのうちに行ったりしたんですけど、

加門　お金をものすごい取るんです。

平　ユタさんにかかるのに？

加門　ユタさんによっては、結構しますね。これで治る、この拝みをすれば絶対治るって、はっきり言うんだけど、それに乗せられて、あちこち回って拝みをしてもらったんですけど、結局治らなくて。

平　お母さんもユタさんのうちに行って帰ってくると、ストレスをもらってくるんでしょうね。気疲れして、ぐじゅぐじゅ文句ばっかり言ってました。それになんかひどいことも言われたり。

加門　どういうことですか。

平　ユタが「あなたのお父さんは宮古《みやこ》でしょう」と言うんですね。「いや、沖永良部《おきのえらぶ》ですよ」って言っても、「違うよ、絶対。自分で確かめたの？　神様が言っているよ」と信じないから、腹が立って「いいえ、絶対違う」と。で、お父さんに電話して訊いたんです。「お父、こんなして言われたけど、お父の前に、お母さんに宮古の人がいたの？」って。そうしたら「お前は絶対、俺《おれ》の子だ」って。

加門　それは、ひどい。

平　母親の拝みをするって、どうのこうの言っていたけど、これが一番……。

加門　親の悪口を言われるのは嫌ですよね。

平　嫌ですよ。

加門　そういう間違えてしまうユタというのは、ユタさん自身の判断不足でそういう答えになってしまうんですか。それとも、下りるメッセージ自体がおかしいんでしょうか。

平　沖縄には千人ぐらいのユタさんがいるようですけど、一人ひとり、みんな違います。いろいろいます。それに、ユタさんて、みんな自分が正しいと思っていますから。

加門　自分が一番？

平　こうやって、誰かが拝みしているのを見ても……。

加門　私と違うわ、みたいな感じですか。

平　そういうユタさんも多いですよ。大体、ユタさん同士あまり仲が良くないし。

加門　いい人、優しい人は、頑張ってね、みんなも大変だねと言ってくれるんですが。

平　神様に仕える人が、拝みの途中とかで喧嘩《けんか》しちゃいけないですよね（笑）。

加門　でも、結構ありますよ。壊すのもユタ、治すのもユタと言われていますから。

平　すべてのユタさんが素晴らしいわけでもない。

加門　みんな霊感は持ってるけど、全部にハンダン（判断・占いのこと）が下りて人助けをすることはできない。

神様の生の姿とは

平　ユタの世界や霊感の世界で、ある程度できるようになったら、夢で免許証みたいな、本をもらうんです。「帳簿」と言いますが、聞いたことあります？

加門　あります。なんとか長老という方が出てきて、ユタの許可証を渡すんでしたっけ。

平　ウティン長老。白い鬚《ひげ》のお爺《じい》さんです。

加門　それ、本当なんですか。

平　本当です。杖《つえ》を持っていてね。

加門　平さんの許《もと》にも現れて？

平　はい。自分はこの神様にいろいろ教えられて、何回も天照さんのお姿も見て。それから弁財天《べんざいてん》さんも。

加門　弁天様。すごい美人なんじゃないですか？（笑）

平　ものすごい美人、真っ白です。大日如来さんは、こっちに赤いのがついていて。髪がね、剛毛で長いんですよ。

加門　ほう。最初、お姿を見たときは、どんな感じでした。感動しました？

平　初めに見たときは、もうびっくりしました。怖かったですよ。不安というか、何か悪いことをしたのかな、と。今ではもう「あ、まただ。まただ」と。
加門　親しい感じに？
平　もうちょっと、こう……。
加門　先生と生徒とか。
平　そうですね。天照さんとは、お母さんと子供という感じ。
加門　なるほど。そういうときって、神様の声も聞こえるんですか。それとも感じる？　見える？
平　全部です。
加門　普通の人間みたいに？　今、私が平さんを見ているみたいにはっきり見える？
平　はっきり見えるときもあります。この間も、一回だけしか見たことがないですけど、ある先生のところに祀《まつ》られている小観音《しょうかんのん》様を見ました。そのときは、自分の体、精神的なものがなかなかきれいになってなくて、マイナスに考えているときだったので、おでこがぴくぴくと動いて……なんでそんなに目が動くかねと思っていたら、目の前に小観音様が……。
加門　生身みたいな感じで見えるんですね。
平　はい。言葉はかけないいんだけど、姿がパッと現れて。頑張りなさいと言っているんですよ。

加門　声が聞こえるときも、私たちが喋るみたいに聞こえるんですか。

平　エコーがかかったみたいな感じですね。自分に合わせてくれて、今どきの話し方もするし、ちゃんと拝みをするときには、畏《かしこ》まって喋られているときもある。

加門　その感じ方はユタさん皆、同じですか。

平　人によって違います。

加門　お祖母様のお姿は、今も？

平　結構見ますよ。あっちに行きなさい、こっちに行きなさいと。神様からの指示が来るときもあるし。

加門　じゃ、いろんな方が。

平　大日如来、天照さん、長老さん、弁財天さん。

加門　弁財天さんも結構ご縁が深いんですか。

平　なぜか、ここ最近、姿を現すんです。

加門　そうですか。本土のほうの弁財天さんは、若い女の人で、髪が長くて、赤い領《ひ》巾《れ》をつけてたりする感じなんですけれど。

平　ピンクじゃないですか。

加門　ピンク？

平　自分が見ているのは濃いピンクです。

加門　沖縄の弁財天さんと本土のとは、同じなのかな……。

平　こうやって、座っている姿をぱっと見せるんです。最初、声で「お祓いをしてあげるからね。目をつぶって。数を数えなさい」と言うから、数えるじゃないですか。三、二、一と。そうしたら、ピンクの布をつけた女の人が目の前に出てきた。そのときは頭痛がしていたんですけど、その姿を見たら、途端に頭痛がサーッと引いて。

加門　頭痛とか、どこかが痛いとかいうのは、拝みで治る場合と治らない場合があるんですか。それとも拝めば全部治ります？

平　治らないときもあります。

加門　どういうとき、治らないんですか。

平　それはちょっとわかりません。はっきりとした答えを出せないし、絶対こうだとも言えない。何だろうな、難しいですよ。自分にできないことって、いっぱいありますから。

……大日如来さんと背が同じぐらい。

加門　え？　誰がですか。

平　加門さん。

加門　ええ、そうなの？（笑）

平　弁財天様はもうちょっと背が高いけど。

加門　そうですか。じゃ、本当に等身大に見えるんですね。

平　はい。

加門　大日如来さんて、男の方？　女の方の姿？

平　女性。

加門　女性なんだ。

平　男性の姿で出てくるのってあるんですか。そういえば、大日さんは姿を変えて出てくるみたいですね。でも、自分が見た感じでは女の人です。髪の毛が長くて、バーンとなびいてて。

加門　格好いいですね。

平　これが可愛《かわい》いんですよ、子供みたいな感じで。

加門　へえ。幾つぐらいに見えるんですか。

平　幾つぐらい……？

加門　子供とか、年寄りとか。

平　いや、自分が見るのは若い女性です。いろんな姿に変わるけど。

加門　やっぱりそのときによって？

平　外を歩くときは、自分に乗っかった感じで、手も動いて、足も動いて。ここを

平　歩かないでと教えてくれたり。七色に光りながら、姿、シルエットだけ映したり。

加門　見てみたい。きれいでしょうね。

平　「きれいよ」……あ、言わされているかな（笑）。

お前はたくさんの命を助ける

加門　神様以外にも、何か見ることありますか。

平　龍《りゅう》を見たことありますよ。

加門　ほう。やっぱりああいう絵みたいな姿なんですか。

平　もっとリアルです。自分の友達で、雲の側で動いているのが見えたっていう人もいました。

加門　へえ。キジムナー（沖縄の妖怪《ようかい》）とかは？

平　キジムナーはないです。シーサーはありますけど。

加門　え、シーサー？

平　本当に犬みたいですよ。

加門　どのぐらいの大きさ？

平　自分が最初に見たのは、すごくちっこいのだったんですけど、半年後ぐらいには、中型犬くらいになってました。

加門　どこで見たんですか。

平　自分の家の前で。

加門　同じシーサー？　最初、子シーサーがいて、それが半年後に大きいシーサーになったんですかね。毛並みとかは。

平　犬みたいに、茶色です。

加門　顔は？

平　置物みたいには怖くないですよ。

加門　むくむくなんですか。

平　むくむくで、可愛い。

加門　うっわー。いいなあ、シーサー（笑）。それはやっぱり、平さんのおうちを守っているものとしているんですか。

平　はい、守ってくれています。シーサーを一体だけ置いているんです。

加門　二体ではなく？

平　二体じゃなくて一体。誰かが捨てたのか、小学校の頃、箱に入って新品のまま捨ててあったから、可哀相《かわいそう》にと思って持って帰ってきたんです。それからずっと玄関に置いてある。で、霊感がつき始めた頃に、ぱっと姿を一回見て、また半年後に見たら、大きくなっていた。

加門　じゃ、置物に宿っているシーサーが見えたという感じなんですね。例えば、シーサーを私たちが普通にお土産で買って帰っても、お守りになると思っていいんですかね。

平　思っていいですよ。間違いない。

加門　そうか、よしよし（笑）。しかし平さんは周りにいい神様がいて、可愛いシーサーがいて、いいですね。

平　でも、神様に反抗している時期もありましたから。

加門　というと？

平　見せられてもわからない。訊いても答えが返ってこない。だから、自分でひとりで先走って、一杯いっぱいになって……。そうやって反抗していた時期に、ウティン長老さんが現れて、杖で頭を軽く、コツンと。

加門　叩《たた》かれたんだ。

平　はい。叩かれたら、さっと気分が良くなって、すごい嬉《うれ》しくなった。ありがとう、という感じでした。

加門　そうしたら、その一杯いっぱいな感じが取れました？

平　取れました。「気持ちはわかる。お前はたくさんの命を助ける。お前だけの命じゃない」って。前にも同じようなことを長老さんに言われてたんです。何度も死にたくなってたときに、「神様は助けてくれる。だから絶対、自殺はしない」って。それを聞いた途端、涙がパーッと出ました。神様ってやっぱりいる。それから、また一杯いっぱいになって、ぐれようとしたときにも長老さんが姿を現してくれて。

加門　優しいですね。

平　本当にみんな優しいです。ウガンジョ（御願所）を回ってても、緊張して何か怖いときがあるんですよ。そういうとき大日様が出てきて、「大丈夫、大丈夫よー」と。

加門　そういう言い方なんだ。

平　天照さんはものすごい人思いで、どんな人でも慈《いつく》しむ心を持っているんですよ。自分に一番先に仰られたのが、親の大切さです。天照さんは自分がお母さんを悪く見たときとか、反抗しているときに怒る。「ヒロアキ、お母さんを悪く見るな」って。

加門　長老さんはどういう感じなんですか。

平　長老さんは何か自分がつらい、重たい気分のときとか、ぱっと姿を現して、「ここに来なさい」と頭に浮かばせて、今日はこれをお供えしなさいとか……。

加門　教えてくれる。

平　はい。弁天さんは、自分がハンダンしているとき、「この方は頭痛しているから助けてあげて」とか。それでピンクの光をぱっと見せて頭痛を消したり、白い光をばっと見せて、「ヤナカジ（悪い風）を祓ったよとお伝えしなさい」とか。

加門　いろんな人、いろんな神様に助けられているんですね。

平　本当に、感謝感謝です。

加門　しかし、本当に沖縄はすごいですね。信じてない人がいるとしても、そういう霊能、神様に対する、なんて言うのかな、距離とか包容力が本土とは全然違います。ヤマトではそういうことを言うとすぐ、病人扱いされますから。霊能者が目の前で病気を治しても、信じなかったり、受け入れなかったり。ターリが終わって、ちゃんとしたユタになった人も、病気扱いされますからね（笑）。無理矢理病院に行かされる人もたくさんいるんですよ。

平　そういうときはすぐ沖縄に来て。命が大事ですからね。病院に行くより沖縄に来たほうがいいよ。

加門　そうですねえ。

平　沖縄に来たら、なんとか食べられるからね。なんくるないさあ（笑）。

インタビューを終えて

こんなにはっきり神の姿を語る人を、私は彼のほかには知らない。ターリと共に、何よりインパクトがあったのは、容姿や口調、身長まで、平氏が「神様」をすごくリアルに捉《とら》えているということだった。

無論、その真偽のほどは、私には計りようのないことだ。だが、氏は神々を親戚《しんせき》や教師であるかのように語った。

もっとも、これだけならば、精神科医の範疇だろう。しかし、本文にこそ出てこなかったが、平氏には確かな力がある。詳《くわ》しく述べる余裕がないのは残念だが、こののち、彼は私の家族の病を治し、友人を危機から救ってくれた。私が東京に戻ってからも細々《こまごま》と指示を与えてくれ、親身にケアして下さったことは、本当に感謝の念が尽きない。

霊能力のみではない。平氏のすごさは、信仰心に裏打ちされた生に対する温かさと包容力、慈悲の心にもある。

それは氏のみの話ではなく、前章の高橋氏ほか、ユタ社会に関《かか》わる人々に、ほぼ共通して言える。実際、ターリに苦しむ平氏の周りには、生きろと言い続けた神と同時に、現実の理解者達がいた。

彼らは血縁でもなんでもない。ただ、平氏に出会い、様子を知って、損得抜きで何年も手を差し伸べ続けてきた人達だ。そんな彼らを平氏は「命の恩人」と称したが、それは決して誇張ではない。

他者に対する無償の優しさ——それこそが、私にはユタという存在を内包する、沖縄そのものの力と思えた。

色んな人に支えられ、今、平氏はユタとして生まれ変わると同時に、再び人生を楽しんでいる。彼をそこに導いたのは、現代では古臭いと切り捨てられた、木訥《ぼくとつ》な人の和、「お節介」だ。

それを心に残すからこそ、平氏を始めとしたユタ達は、今も沖縄に生き続けるのだ。

神官は憑きものを知る

三木《みき》芳照《よしてる》氏（仮名・神社神職・神官）

＊　＊　＊

某雑誌の取材にて、私は初めて三木氏を知った。

取材内容は、神社とお守りについて。ストレートに言うならば、御利《ごり》益《やく》信仰についての話だ。

そのとき、応対して下さった神官さんこそが三木氏だ。もちろん、霊的な話は出ない。しかし、私は話を聞くうち、「何かこの人、普通と違う」――そんなことを感じたのだ。

ご神徳についても、お守りについても、ご自身でそれを実感している、わかっている、という雰囲気があった。

ゆえに、本書の企画が立ち上がったとき、私は真っ先に三木氏に取材をお願いした。正直なところ、氏はかなりな警戒を示したが、私は強引にアポを取り、なんとかインタビューにこぎ着けたのだ。

手応《てごた》えはあった。ありすぎた。三木氏の話は、こちらの予想を上回る、ある意味、伝奇小説的とも言えるほどのものだったのだ。

神社名を出さず、また、仮名となったのは、三木氏ご自身の環境が、基本的にはお勤めの神社と関係がないためだ。ゆえに、この話は基本的に、三木氏という個人について記されたものと思って頂きたい。

だが、誰《だれ》もが参拝に訪れる著名神社の神主さんに、こういう方が紛れ込んでいるというのは、ある意味、とてもすごいことだ。いや、本来、こういう方こそが神官として正統なのだろう。

神なくして、神職はない。言うまでもなく、三木氏はそれを知っている。

ゆえに、奉仕する神社の神官としても、三木氏はとても真摯《しんし》な方だ。

私は数度、氏がご祈禱《きとう》なさっている姿を拝見しているが、普段の姿とはまた異なった、張りつめた空気を感じたものだ。

その真剣さ。真面目《まじめ》さ。

それは、神の在処《ありか》を知るゆえに至った心構えに違いない。

拝めば拝むほど悪くなる⁉

加門　こちらの神社には結構、霊能者の方がお参りにいらっしゃると伺いましたが。

三木　この間もそういう方から電話がありまして、「人の恨《うら》みを買って困っている。何とか祓《はら》ってほしいんだ」と。

加門　ただの参拝じゃなく？

三木　ええ。本当に見えるんでしょうね。でも、自分では祓えないんです。そういう人って、多いんですよ。「あなたにはこれが憑《つ》いています。だから、××神社へ行きなさい」とか「この件だったら、〇〇神社へ行きなさい」とか。見える人と祓う人は違う。

加門　なるほど。

三木　その電話をくれた人に訊《き》いてみると「私はこれから、それで生計を立てるんだ」と。だったら、自分で何とかすればいいじゃないですかね。

加門　そのとおりですね（笑）。見えるだけなんでしょうね、きっと。

三木　見えるだけという人は、いっぱいいるんです。

加門　たしかに。でも、そういう能力の差は、一般人には判別できませんからね。この間、やはり霊能者という人と話をしていて、たまたまキツネの話になったんですが、その人、お稲荷《いなり》様のご眷属《けんぞく》としてのキツネと憑きもののキツネの区別を知識として持ってないんです。だから、お稲荷様すべてを魔物みたいに言うんですね。そうなると、見えると言っても、一体、何を見ているのかと……。霊能者も、勉強って必要なんだな、と。

三木　勉強は必要です。

加門　例えば、憑きもののひとつにしても、いろいろあるわけですし。

三木　精神的な憑きものと、本当に憑きものが周りにいるのとがある。本当だと、家の物がなくなるんですよね。

加門　なくなる？

三木　物が失《う》せるんです。実際にあった話で、米屋の前を、憑きもののいる家の親父《おやじ》が通り過ぎたら、米が一俵なくなっている。そうしたら、向こうの家の大黒柱のところに米が積んであった。

加門　本当に？

三木　あるんですよ。

加門　そうすると、精神的におかしい人が持ち去るとか、そういうのとは次元が違う？

三木　違うんです。これはもう実際のことです。ただし、それは低級霊だから、その憑きものが狂ったときには、家にある物とか金品財宝を全部運び出しちゃうんですね。それで没落することがあるんです。

加門　憑きものが、持って逃げちゃうわけですか。

三木　どこかへ運んじゃうんです。

加門　その憑きものって、どんなものなんですか。

三木　オコジョに似ているけど、オコジョとは違う。それを食べたという人もいますよ。そうしたら、もう蕁麻疹《じんましん》がダーッと出て。

加門　……ということは、実在しているものなんですか。実在の獣として認識している。

三木　実在しているものでしょうね。知っている人は多分、みんな、うんと言います。僕も小さい頃《ころ》から臨場感をもって話を聞いていました。でも、神主さんでも普通はわからないでしょう。僕自身は見たような見てないような感じです。サッと通るところを見た気もしますが。

加門　速いんですか。

三木　姿を見せちゃいけないんです、ああいうものは。姿を見せたときが、憑きものの命取りですから。以前、そういう家のお婆《ばあ》さんが死にそうになったとき、お袋がその憑きものの姿を見たんです。ヨタヨタ歩いていたと言うから「じゃあ、もうそろそろダメかね」なんて言ったら、本当にそこのお婆さんは、死んでしまいました。

加門　へえ。幽霊みたいに見える人と見えない人がいるとか、そういう問題ではなくて、そういう霊力のある動物が実在している、と。

三木　そうですね。

加門　なんか、びっくり（笑）。いや、私の知り合いにも実際に管狐《くだぎつね》を見たという人はいるんですが。

三木　言い方はいろいろありますから。例えば、岡山のほうだと……。

加門　ゴンボダネとか。

三木　もう、喜田貞吉《きたさだきち》（歴史学・民俗学者）さんの世界になっていきますね。

加門　そうですね。

三木　勉強が必要と言えば、よく霊能者が、「この家には、供養《くよう》されていない先祖がいる」とか言いますね。水子《みずこ》さんがいるとか、先祖に殺されてしまった武士がいるとか。それが本当でも、それ以前にお坊さんが拝んだり、神主さんが拝んだりして鎮めてあるものがあるんです。そういう鎮めてあるものを、霊能者がまた拝み出して呼び出してしまう場合もある。

だから、拝めば拝むほど悪くなるということがあるんです。そういうのが、きちんとわかっていないといけないんですね。新興宗教の団体でも同じことをやりますよね。すると、目には見えないけれども、だんだん顔つきに出てくる。みんな、同じ種類の顔になってくる。××会系統の顔だとか、○○系統の顔だとか。

加門　そういうのがあるんですね。

三木　いわゆるイッちゃっているという解釈ですね。洗脳でしょう。

加門　洗脳ですか。今のお話で、鎮めてあるものを呼び出してしまうと仰《おっしゃ》ってましたけど、先日、ご挨拶《あいさつ》させていただいたときのお話では、三木さんは見えないと仰ってましたよね。

三木　はい、見えないです。

加門　でも、そういうものの存在はわかる。あるいは信じていらっしゃる？

三木　信じるというか、そういうのを祓っている自分の父親とか、そういう話をする祖母を見ていますから。

加門　お父様はご祈禱をなさる方ですよね。お祖母《ばあ》様も勘《かん》のある方だったんですか。

三木　ええ、見えます。例えば、今ここで僕が仕事をしているのもわかるんです。

加門　すごい。じゃ、いわゆる透視能力が？

三木　僕が高校のとき、ちょっと隠れて、彼女とデートしようかなと思っているでしょう。すると「お前ね、高校生で女の子とそういうことしてちゃだめだよ」ってすぐ電話が来て（笑）。

結局、僕は四十近くになって結婚しましたけど。「もっと早く結婚すればよかったのに」なんて言われるんですが、僕に言わせれば、結婚するっていったって、結婚できる環境じゃなかっただろうという感じなんです。なにしろ、祖母が彼女の家を見て、「この家はこういう家だから、よしたほうがいいよ」とか言うわけですから。

加門　それは大変ですね（笑）。もうお祖母様はお亡くなりに？

三木　はい。

加門　お祖母様は、いわゆる霊能者という感じだったんですか。

三木　親父の仕事を一緒にやっていました。

加門　ずっと代々神主さんというような形ですか。それで三木さんも自然に、神主になろうと思ったんですか。

三木　そうですね。祖母がそうだったから、そういう道を作られてしまったんでしょうね。

加門　「おまえは神主になるんだ」という形で？

三木　親父は反骨精神旺盛《おうせい》だったので、嫌だと言ってたらしいです。それで、宗教学科のない大学を受けたんですが、そのとき、先代――僕の曾祖父《ひいじい》さんとお祖母さんが二人して「どうします。今度ここを受けるって言うけど」「いや。ここは学校はいいけど、うちの仕事にはダメだから」と、二人で拝んで落としたんです。

加門　ええっ？

三木　それで結局、当時は宗教学科のあった大学へ入るようにしたらしい。僕は祖母にその話を聞いて、あるとき親父に話をしたら、「どうも変だと思った。試験は全部できていたんだ」と。お祖母さんは「試験ができている奴《やつ》を落とすんだから大変だった」って。

加門　すごいですねえ。滅多《めった》にないことだと思いますよ。

三木　普通と逆ですものね。

加門　ええ。それもありますが、普通の親が進路を強要するというのとは、もう全然レベル、ベクトルが違うというか……。

三木　三木さんご自身は、神主になることに抵抗があったわけではなかった？

三木　結局、いろいろ考えたとき、やっぱりやらなくちゃと思っただけです。でも、ごく自然になりました。

神社は〝善客万来〟

加門　ご祈禱をなさっているご実家と、お勤めの神社とではずいぶんと雰囲気が違うんじゃないですか。

三木　そういうものの見方、やり方、祓い方というのは千差万別ですからね。この神社は簡単です。ご神前に上がっていただいて、その方のお名前をお伝えして、ご祈禱して、祝詞《のりと》を上げて、玉串《たまぐし》を上げて、それで帰ってもらうだけですから。

加門　それでも、例えば、祓えたという実感があるものなんですか。

三木　いや、そうではなくて、神様に「祓ってくださいよ」とお願いするだけですから。神主は中執《なかと》り持《も》ち。神と人の中を執るだけですからね。それで「祓えました」と言ってはダメなんです。行為をなさっているのは神様。

加門　それでは、実際に祓えたかどうかは、神様頼み？

三木　そうです。

加門　そういうふうにしか、うちは言わないです。

三木　失礼かもしれませんが、ずばり、そういう神様というのを信じていらっしゃるんですか。

加門　うーん、信じているでしょうね。結局、それがなければ、何もできないですから。

三木　実感がありますか。

三木　ありますよ。でも、お社《やしろ》があるから神様がここにいる、というものじゃないと思います。
加門　というと？
三木　周辺の雰囲気とかも含めて、ここにはきっといるであろう、と感じられるかどうかということでしょう。
加門　もうちょっと、わかりやすく（笑）。
三木　そうですねえ。私の弟が小学生のとき、死にそうになって「もう、だめだ」と言われていたのが、父親がご祈禱したら奇跡的に助かった。そのときはやっぱり、ちゃんとお願いすれば、真《まこと》をきちんと捧《ささ》げられれば、叶《かな》えてくれるのかと思いました。無信心で「拝んでない」と言ってても、やっぱり神があると思っていたほうがいいように思いますけど。
加門　でも、例えば受験ひとつにしても、みんな受かりたいわけですよね。それで合格祈願をしても、成否が出てしまうではないですか。もちろん実力というのはありますけど、なんであなたが、というような人が落ちたり、逆に受かったりする。差はどこにあるのだと思いますか。
三木　その人の持って生まれたものでしょうね。「あなたにはこういう能力があるんですよ」と神様が言っているにもかかわらず、本人に理解できていないというか。あなたの進む道は大学じゃないとか、同じ大学でもこの学校じゃないとか。

加門　こういう言い方は申し訳ないかもしれませんが、私はどうも神様って贔屓《ひいき》がある気がするんですよ。

三木　うーん。

加門　例えば、事故です。同じ車に乗っていて、同じ神社にお参りした帰りでも、助かる人と助からない人が出てくるでしょう。運というのは簡単だけど、そこに神というものを乗せて考えたとき、私は贔屓だと思っちゃうんです。

三木　やっぱり、定めはあるんだと思います。それを無理して何かをしたときに、よからぬことが起こるんじゃないですか。「お前がやる仕事じゃないだろう」というのを無理して「裁判官になりたいんだ」と言って、やったがために早死にしちゃったとかね。

加門　その運命を、神仏に祈ることで変えるとかはできないんでしょうか。

三木　本人が早めに気づいて、何かすれば変えられるのかもしれないけど……でも、どうでしょうね。大概はそれまでに死んでしまうんじゃないですか。

加門　うわ、シビア（笑）。

三木　だから、釈尊《しやくそん》も「縁なき衆生《しゆじよう》は度し難し」という言葉を残したんだと思います。いくらお釈迦《しやか》様がものを言っても、縁のない人間、わからない人には言ってもだめだよ、と。ここの神社だって、来たくても、縁がなくてどうしても来られないという人はたくさんいますよ。

加門　そういうのは相性なんですか。

三木　相性というのもあるでしょう。

加門　では、こちらに来られない方というのは、本人の問題ですか、それとも神社が排除しているんだと思いますか。

三木　神社が排除しているのかもしれませんね。僕は千客万来じゃなくて、むしろ「善客万来」だと思っています。

加門　それが神社との相性にも繋《つな》がる。

三木　相性とか、その人の資質とか、根性とか。やっぱり、やる気——肝っ玉というか、「タマ」の問題だと思います。だから、僕は「タマを磨《みが》け」ということをよく言うんです。「タマ」には魂《たましい》とかいろいろな意味がありますよね。悪い言葉で「あいつはいいタマだな」とかあるけども、それでもその「タマ」を磨けば、その人から出てくるオーラとか、「あの人は何か違うぞ」っていう人間の大きさになってくる。

それを磨かないでいると、「運がいいよな」というだけになっちゃう。「金もうけは上手だけど、あいつの側に人は行かないよな」とか。もちろん、提婆達多《だいばだった》ではありませんが、強情や強引さだけで生きていって、何であんな奴が死なないんだろうという人も、世の中にはいるでしょうけど。

加門　そういう人は何なんですかね。よく悪運が強いとか言いますけど。

三木　皆さんのなかに神があるとした場合、その逆の神じゃないですか。それが逆に守るんじゃないですか。

加門　善悪で言うなら、悪いもの。

三木　魔神というものもいるんでしょう。

加門　魔神ですか。言葉にはし難いかもしれませんけど、神様って何なんですか。

三木　神様というのは、その人の拝み方によって、右でも左でもどちらにも行くんじゃないですか。人の見極め、利用方法というか、拝み方というか、解釈の仕方でどうにでも解釈できるんじゃないですか。

加門　それは、ひとつの神様が、万人から見るといろんなふうに捉《とら》えられるということですか。それとも、良い神と悪い神といくつもの神様がいて、それぞれの人がつき合っている神様が違うということですか。

三木　例えば、伊勢《いせ》神宮へ行かれると、正面がおとなしい和魂《にぎみたま》で、裏側が荒魂《あらみたま》じゃないですか。人間のなかにも荒魂と和魂があるわけだから、神様だって猛々《たけだけ》しいものもいるし、おとなしいのもいる。そういうふうに解釈すればいいわけです。

加門　さっきの魔神というのは？

三木　魔神というのは、また別で、その人が生まれながらに持っている悪質じゃないですか。何かがその人に潜んでいるんでしょうね。でも、それは見える人には、見極められるものです。だから、もしそういう人が来たら、一歩退いて「私のところでは何もできませんよ」と言ってあしらう。で、もしその魔神と闘うのであれば、命懸けで拝み事をしないといけない。

安倍晴明《あべのせいめい》じゃないけれど、呪詛《じゅそ》を掛けている相手の呪詛返しをしてでも祓える力がこちらにあれば、魔神を持つ人が何かした場合にも何とかなる。しかし、向こうはかなり強いでしょうから、何もできないことも多いです。まあ、そういうつもりでやらないとダメですね。

加門 つまり、三木さんの仰る魔神というのは、人の性格や気質の比喩《ひゆ》ではなく、個人に憑いている何かだと。

三木 はい。それを出さなければ出さないでいられるのかもしれません。だけど、ひとたび顔を出せば、結局、その人がお亡くなりになるまでは……。だから、諦《あきら》めも必要なんです。

神社が光り輝くために

加門 改めてお伺いしますが、先ほどのキツネさんをはじめ、ご眷属さんというのは何だと説明すればいいんでしょうか。

三木　ご眷属様は使いの神です。

加門　使いの神というのは、神様の一種だと思っていいですか。

三木　そうですね。

加門　この間、ここの信者さんから、実際にご眷属様にお会いしたと聞きました。で、ちょっと変な話かもしれないんですけど、昨年こちらにお伺いをして、家に帰ってきたら、うちにいる猫が私の姿を見てものすごく怯《おび》えたんです。

そのときは何が起きたのか全然わからなかったんですが、私を見た途端に目が真ん丸になって、バーッと箪笥《たんす》の陰に入り込んで、瞬《まばた》きもしないでこっちを見ている。

三木　それは多分、雰囲気でわかったんでしょう。どうも只事《ただごと》ではない霊気を感じる。そういうことだと思います。

加門　それで、その晩にすごく大きなご眷属様の姿を夢で見たんです。神社の印象が夢に出てきたんでしょうけど、本当に、あの猫の怯えようは……。

三木　やはり、只事でないものを見たんですね。「金を持ってこい」って言ったかもしれない。猫招きだから（笑）。ただ、人間は感度が悪くなっているから、見えない。

加門　ここにお勤めの方々はどうですか。

三木　ダメじゃないですか。

加門　なぜでしょう。むしろ一番感じるのではないかと思うんですけど。
三木　お勤めと思ってやっているから、ダメなんじゃないですか。
加門　信仰ではないから？
三木　信仰というか、日常的にやっていると、やっぱりぼけるんですよね。もっとも、これは僕が思う印象だけで、他人のことはわかりません。
加門　ご自身はどうですか。
三木　うーん、やっぱりボーッとしているとよくないですね。せっかくここにいるんだから何かしようとは思うんですけど。
　でも、もしかすると何もしなくてもいいのかもしれない。そういうふうに、ある拝み屋さんに言われたことがあるんです。「みなさんはいいですよね、毎日ここにいるんだから。知らないうちに身についてますよ」と。その人は見えるし、いろいろなお祓いもするんですけど、やっぱりここへ来る。「俺《おれ》たちは見たりもできるし、お祓いもできるけど、現場にいて、ご祈禱する人は違う」と言ってました。
加門　なるほどね。神様がいる場所で暮らす、暮らせるということがすでにすごいことなんですね。そういう神様の魂と人の魂の差って、どこにあるんですか。
三木　同じじゃないですか。神道では、死ねばみんな神になるんだ、と。ただ、今まで生きてきて欲があった人間が、いきなりは神様になれないとは思います。

そこで年祭を行って、「家の鎮めになりなさいよ。家に鎮まって、自分の子々孫々がどういうふうな生活をするのか、あなたが守りなさいよ」という祝詞をずっと上げていくわけです。それで、魂《みたま》が清められて、初めて神になる。ですから、年祭は大事なんです。

加門　それでは、当然、安倍晴明さんや菅原道真《すがわらのみちざね》さんも、神様としてお認めになる。

三木　そういうことです。人間を神と祀《まつ》るのは日本だけでしょう。

加門　変な質問ですけど、八百万《やおよろず》の神様のなかで「いない」と否定したい神様とかいますか。

三木　いや、みんないるんじゃないですか。例えば段ボールにも神がいる。たまたま今、段ボールになっちゃっただけで、その前は木に宿っていて、息をしていたのかもしれない。そうやって姿を変えても神であることには変わりない。ただ、自分が勝手に神様を作ってしまってはダメです。

加門　新興宗教の神とかですね。でも、新興宗教のなかにも、もう百年近く拝まれている神様もいます。最初は何もなかったかもしれないけれど、そうやって拝むことによって、魂は宿るものなんですか。

三木　そうでしょうね。拝めば、それなりに出てくる……出てくるんじゃなくて、拝むということで信仰が生まれるわけだから、そこへ人が集まれば、何かただならぬものがだんだんと……。

加門　逆に、すごく由緒のあるお社でも、人がまったくお参りしなくなってしまったら、どうなるんですか。

三木　御成敗式目《ごせいばいしきもく》の中に「神は人の敬によってその威を増し、人は神の徳によってその運を添《そ》ふ」という言葉があります。神様は拝めば拝むほど光り輝くし、その光り輝いた力によってさまざまな良き事を拝む人たちに与える、と。だから、逆にいいお社でも、参拝者が行かなくなったら、その光はなくなってしまう。

加門　もぬけの殻《から》になっちゃうんですか。

三木　いや、本物だったら、そうはならないでしょう。

加門　本物と贋物《にせもの》の差というのは？

三木　贋物は、祀っていても拝まないでいると、家へ帰っちゃうんです。

加門　稲荷だったら、本家の伏見《ふしみ》とかに戻ってしまうということですか。

三木　ええ。御札《おふだ》はあっても中に御霊《みたま》がない。僕はわかりませんが、親父がよくそんな話をしています。本物の神様だと、社がなくなって更地《さらち》になってもいるんだそうです。

加門　祀られることを期待してないということなんですか。

三木　いや、忘れ去られているんでしょうね。だから、やたらに事故が起こる場所とかが出てくる。わかる人だったら「ここには昔、社があって」と。

加門　神様がいるから、障《さわ》りが出てくるという感じですか。

三木　そうです。例えばある家がなくなって、後からその土地を買った人が「お稲荷さんがあるけど、まあ、いいや」といって更地にする。でも、そこにまだ神様がいると仮定すれば、祟《たた》り屋敷と言われるところになったりする。

加門　井戸の神様も結構、怖いって聞きますね。

三木　井戸は危ないですね。井戸は人間の生きる根源である水を司《つかさど》るものですから。埋めるときには、ちゃんとした作法をして埋めてあげないといけない。

加門　そういう場所に何か事が起こるというのは、どういうことなんですか。

三木　水って息してるものですね。それに蓋《ふた》をしてしまうと、人間が鼻を押さえられているようなものですから、やっぱりそれに対して何か……。

加門　リアクションが。

三木　そう。最初は祟るというのではなくて、なんらかの形で諭《さと》すんですけど、それがあまりひどいと、祟りという解釈になるんじゃないですか。

加門　その解釈は、人間が勝手にしているんですね。

三木　ええ。でも、障りというのはあると思います。例えばこの家は先祖代々ずうっと目が悪いということがあれば、それは何かありますよ。

魔を呼ぶ人、憑きやすい人

加門　よく神様で、守護神という言い方をする人がいますね。「あなたの守護神は何とかだから」って。そういうものは、どう解釈すればいいですか。

三木　守護神って、簡単に言えば自分の先祖でしょう。

加門　先祖ですか。でもその人によっては、神様じゃないですけど、不動明王《ふどうみようおう》とか。

三木　ありますね。僕も参拝に来たお婆ちゃんに言われました。見えるんでしょうね。それで「ちょっと、手を握らせてください。あなたはすごいですね。後ろに龍《りゆう》がついてますよ」って。

加門　格好いい（笑）。

三木　「龍でもいろいろあって、下がっちゃう龍もいますからね」と言ったら、「そんなことはないですよ」と。「ありがとうございます」と言うしかなかったですけどね（笑）。そういうふうに見えるんでしょう。

加門　しかし、そうやって護《まも》ってくれるものがいるんだったら、何で悪いものが取り憑くとか言われるのでしょう。力関係なんですか。

三木　かもしれません、憑きものが憑いちゃうんだから。でも、好かれる性格というのもあるんじゃないですか。

加門　悪いものに？

三木　いくらやっても、ダメな人はダメで、すぐに憑かれてしまう。すぐに妙な占いをしてみたりとか、そういう人っていますよね。「それ、よしなさいよ」と言っても、また占いをして、自分で揺り起こすというか。胃の悪い人に「しょっぱいものを食べちゃいけないよ」と言っても、しょっぱいものが食べたくなるのと同じでしょう。「酒を飲んではいけませんよ、これ以上飲むと依存症になるから」と言われても、お酒を飲んでしまうとか。

加門　なるほど。

三木　どうしても、魔を呼んでしまう人っているんです。だから、憑きものが憑きやすい人は、やはり憑きやすい性格をしている。

加門　その人間の性格や気質なんですね。

三木　さっき言ったように、後からそれを変えるのは大変です。僕は山で修行をしますが、一緒に山を歩いていると、女の人が急に「ああ、憑きものが憑いちゃった」とか始まるんです。それは、その人が自分でものを憑かせて言わせている部分もある。

加門　でも、そういう修行とかしている方ですと、霊能力のある方ってずいぶんいらっしゃるんじゃないですか。

三木　いるでしょうね。「何色の下着を着ているかまで見えるから、修行をやったほうがいいよ」と言う人も。
加門　そんな（笑）。
三木　横にいた人が「馬鹿《ばか》だよね」って怒ってましたけど。そういうのが見えたら、体のどこが悪くて、寿命はどのくらいだなとかも、そのうち、わかってくるでしょう。それが見えたとき、どうするのか、と。
　よく占いで「当たるも八卦《はっけ》、当たらぬも八卦」と言いますけど、あれは嘘《うそ》です。本当にできる人は百パーセント、言えば当たる。だけど、それを言ってしまうのは悪いことなんですね。人に頼まれていないことを言ってしまうのは、今度は逆に宗教者として、自分のなかに魔神を作ることになる。「行者《ぎょうじゃ》のなれの果ては哀れだ」という言葉があります。人のいろいろなことが見えないほうが幸せだということが、普通の人は何でわからないかなと思いますね。
　知人の行者さんが、こんな話をしてくれたことがあります。「僕もずいぶん癌《がん》の人を治して生き返らせた。でも、みんな喉元《のどもと》過ぎると熱さを忘れる。なんで自分が癌になったのかがわかっていない。言ってあげたのにわかってくれない。だから、暴飲暴食をして、また癌になってね……。だから、最近はもう、助けないんだ。助けてもダメだから。助けることは簡単だけど、助けてあげても、全然わかってくれない。人間はダメだね」

と。で、誰《だれ》か悩みのある人が相談に来るとしますね。そうすると、来る前から、どこの人で、何という名前で、いつ来るかまでわかっていて、その人が前に座ったときは、もう八割方終わっている、と言ってました。

加門　すごいですね。

三木　そういう人でした。

加門　しかし、お話を伺っていると、身近にそういう能力を持った方がたくさんいらっしゃるようですね。

三木　そういう話があるということだけ、聞いておいてもらえばいいと思います。僕の体験談じゃないですから。

加門　わかりました。では、些末《さまつ》な話なんですけど、そういう行者さん——お父様もそうだと思いますが、印《いん》を切ったりとか、護摩《ごま》を焚《た》いたりとか、いろいろやりますよね。ああいうものの効果というのは、どう捉えればいいんですか。

三木　どう捉えましょうね。私事ですけれども、うちも護摩をやるんです。で、親父から「もう年だから、あと頼むよ」と言われ、「やり方教えてくれ」と言ったら「なに、普通にやればいいよ」って。でも、わかりゃしないじゃないですか、見ていただけですから(笑)。困りましたね。護摩って、根性が悪かったり気が入っていなかったりすると、火がつかないんですよ。で、やったら、よく燃えたんで、良かったなあと思って(笑)。

加門　誰でも火がつくわけじゃないんですか。

三木　つかない。護摩に印を切って入れていくわけですからね。

加門　つまり、目に見えない力の差……。うーん、じゃあ、素人が印を切ったり、真言《しんごん》を唱えたりとか、そういうのは？

三木　力のない人は、数珠《じゅず》を持って葬式に行かないほうがいいって言いますね。

加門　なぜですか。

三木　いろいろなものが数珠を頼るからです。結局、数珠が呼んじゃうんです。だから、見える人と祓う人は違う。職業として携わっている人以外は、そういうことはやるべきではない。

加門　気をつけよう。私もお葬式には数珠を持って行きますから（笑）。よくある腕数珠とかはどうなんですか。

三木　お守りとしての数珠ですね。あれは別にいいんじゃないですか。ただ、葬儀のときは、よしたほうがいいということです。ただご会葬に行って、手を合わせてくればいいんです。

加門　でも、よく「お葬式だから数珠貸して」とか。

三木　そういう人は普段、数珠を持っていないでしょう。いつも持っていないのに持つ必要ないですよ。

加門　私は中学生の頃から、お数珠を持ってるんですが。
三木　ずっと持っているのだったら、いいでしょうね。
加門　だけど、切れたことがあって……。
三木　僕も数珠を持っていますけど、切れたんです。でも、足りない数珠の珠《たま》を足して、補修して今、使ってます。
加門　切れたときは、どうしたらいいんですか。なんか、個人的な相談になっていますけど（笑）。
三木　切れたときは、やはり何かあるんですよね。切れて、いくらか助かっている部分もあるかもしれません。身代わりですね。もし、その数珠を続けて自分が持っていたかったら直せばいいし、嫌だったらお納めしてしまったほうがいいですね。
加門　嫌とは思わないけど、突然切れたりすると、びっくりしますよね。
三木　そういう形あるものは、何かあるときにはある。それはそれでしようがないと思わないといけない。ひきずると、いつまでもひきずっちゃうから。
加門　そうですね。私も結構そういうのは信じるほうなので、お守りとかが落ちると、うわ、ヤバいって。
三木　お守りがなくなって気になったら、すぐ受け替えるのがいい。そこで役割が終わったと思えばいいんです。

無信心はありえない

加門　しかし、お数珠の扱いですら、場合によっては危険となると、自分勝手にできるつもりでお祓いなんかすると大事になりそうですね。

三木　下手《へた》すると、命取りになることがある。祓いをしていたときに、憑いているものとかが見えてくるときもあるじゃないですか。そうなると、それと命のやりとりができるのかということになるわけです。場合によると、すごいものが出てくるときもある。それと闘って、命を落としてしまうことだってあるんですね。

加門　怖いですね。でも、世間には呪《まじな》いの本とかたくさん出ていますし、そういう能力を欲しがる人も結構いますよね。

三木　宗教団体でも、そういうことを言う団体はあります。ここの神社にも、団体でやってきますよ。もう異様です。ご祈禱しているときも、ずうっとそこらへんに座って、おかしなことをやっていて。こっちが挨拶をしたって、挨拶を返さない。
　さっきの見える人と祓う人は違うという話じゃないけれど、自分でやりたいと思ったら、もうダメです。祓ってもらっているうちはいいけれど、ついつい自分で祓いたくなったり、見たくなったりする。そういう意味では、いろいろな本とかで呪《まじな》いのやり方が出ていたり、それを見てやる人がいたりという、今の日本はおかしいんじゃないですか。そのおかしさに気づかないといけないと思いますね。でも、宗教の人も何も言わないし、我々が言うことでもないだろうし。

加門　そういう能力を職業的な技能と見ずに、特別な力だと考えるから。だから、選民意識につながってしまうし、能力を欲しがる人も出てくるんでしょう。私の知っているプロの方は、自分はただの職人だとはっきり言うんですけど、でも、単純に憧《あこが》れだけを持っている人はプロじゃないから、そこがわからないし、本物のプロを知らない人も多いし……難しい。そうやって、のめり込むのも怖いですが、逆に、まるっきり無信心な人っていますよね。

三木　無信心な人はいないと思いますよ。

加門　いないですか。

三木　いないと言われています。本人は、何も神様にお願いしないと言うかもしれないけど、身内が病気になったときとかには、「何とか助けてくれないか」と思う。そう思った瞬間が、もう宗教なんです。

加門　なるほど。

三木　そこで信仰が生まれるわけです。何とか助からないか、何とかいい仕事が見つからないか……。その「何とか」が宗教の始まりだと、そういうことを考えないといけない。だから「無信心です」というのは、何もわかっていないなと思いますね。受験にしろ、何とか受からないかと思うときはもう、自分の力ではないものにどこか頼っている。それが宗教の始まりなんです。

今の日本人のどうしようもないところは、それがわからないことです。神社だとかお寺さんにお参りをしないから「無信心です」なんて、とんでもない。自分の力ではどうにもならないことに当たったとき、自分の心に宗教は生まれる。だから、無信心は絶対にない。

加門　でも、頑《かたく》なにそういうものはないと言う人は多いでしょう。で、彼らは彼らでそれこそ「ない」という宗教の信者ですから、精神論ではなく、もっと具体的なことを要求するわけじゃないですか。「霊がいるなら、証拠を見せてみろ」みたいな。

三木　ええ。でも、ある日突然、何かを見るときもあるでしょうね。何かあったとき、人は変わる。例えば、本当に自殺したくなったときに、お母さんの姿を見るとか、お父さんが出てくるとか。それはその人なりのものでしょう。世の中、計り知れないものがある。もちろん、あれは夢だよと、否定している人もいるかもしれないけれど、夢という形で、ひとつの諭しをしている部分があるかもしれませんし。

加門　昔は夢ひとつでも、神仏の教えと思っていましたし、木にも岩にも神様が宿るという考えで生きてきましたよね。そういう時代と、今の私たちと、どこが一番違うんですか。

三木　有り難さとか、そういう気持ちがないからじゃないですか。例えば発泡スチロールとかビニール製品でも、それを作っている工場では、みんな一所懸命作っているわけじゃないですか。そういう製品にも、それを作った人たちの気持ちが入っていると思いません？

加門　思います。

三木　百円で売られているかもしれないけれど、それだって誰かが携わっているわけだし、その人が何も思ってなくとも、僕は気持ちは入ると思います。気持ちが入っているということになれば、ひとつのものにも魂が入っているから、そこに神が宿る。天然の木や岩は、もちろん、ただあるんじゃなくて、何年、何十年、何百年とそこにある。よく、この木は何百年の歴史を見ていると物語的に語られるけれど、まさにそういうことでしょう。

だから、それを伐《き》らなければならなくなったときには、自分が植えた木じゃないけれども、嫌だなと思って、「お祓いしてください」ということになるんです。

さっきの繰り返しになるけれど、どこにでも神様はいる、段ボールにも神はおわす。それを有り難いと思わないと、このままでは、日本という国が、わけのわからないことになっちゃうと思いますね。

インタビューを終えて

人によって、当たり前のことが当たり前でなかったり、日常の常識レベルが根本的に異なっている場合がある。

三木氏にお話を伺って、私はそれを実感した。

冒頭の憑きものの話には心底、仰天《ぎょうてん》した。インタビューが始まって三十分も経《た》たないうちに、氏はこの話をし始めたのだ。

「憑きもののひとつにしても、いろいろある」と、私が言ったのは、飽《あ》くまで漠然とした、生霊だの死霊だのと呼ばれるレベルのものだ。それに対する三木氏の答えは、あまりに衝撃的だった。私は馬鹿《ばか》みたいに、何度も何度も「実在する動物なんですか」と、目を白黒させて尋ねてしまった。

魔神の話も同様だ。てっきり精神論だと思っていたら、見事に――軽々と引っ繰り返された。正直、私は呆然《ぼうぜん》とした。同行した編集者などは翌日、熱を出して寝込んでしまった。

インタビュー第一弾だったこともあるとは思うが、免疫のない人は知恵熱が出てしまうほど、三木氏の話は衝撃的だったのだ。

予想外だった最大の理由は、まさか普通の神官さんが――という、こちらの思い込みにほかならない。自分で「只者《ただもの》ではない」と選んだにも拘《かか》わらず、私は完全に高を括《くく》っていた。加えて、もうひとつ驚いたのは、氏がそれらの話を当たり前の事実として、淡々と語ることだった。

三木氏は某霊能者に「身についている」と言われたそうだが、それは神社に勤め、神社の空気に年中触れていること以上に、心霊的な世界そのものが「身についている」ということだろう。

三木氏もまた「見えない」という。しかし、もう本当に、そんなことはどうでもいい。

結局、「そこ」で暮らす人にとっては、そんな力の有無《うむ》なんぞ、語る価値もないことなのだ。

昼は敏腕女社長、夜は凄腕霊能者

井川《いがわ》浩子《ひろこ》氏（仮名・デザイン会社経営）

＊　＊　＊

本書中、一番、漫画や小説等の創作に登場する霊能者・呪術師《じゅじゅつし》に近いイメージを持っているのが、この方だろう。

井川氏とのつき合いは、私のデビュー前にまで遡《さかのぼ》る。

知り合った当初、私は氏に霊能があるとは思ってもいなかった。井川氏は知人に紹介されたデザイン事務所の代表取締役であり、そういう世界とはまったく無縁、流行最先端を走る女性に思えたからだ。

ただ、お互い怪談好きということで、会うたびに、その手の話は出た。好きなわりには経験がないと言ったため、主に私が話したのだが（今思うと、こちらの様子を窺《うかが》っていたのだろう）、氏はそれらの怪異に対して、徐々に……徐々に所感のみならず、知るはずもない事実をも語るようになっていった。

のち、氏の実力を目の当《ま》たり《あ》にする機会を得、私は仰天《ぎょうてん》するのだが、その話は別の機会に譲ろう。ともかく井川氏を知ることにより、私はこの世に常識では計り知れない事件と、その解決法が存在するのを認識したのだ。

個人的な話になるが、井川氏には何度も家族や友人を助けて頂いた。実話怪談を集めた拙著『怪談徒然草《つれづれぐさ》』（角川ホラー文庫）中、「三角屋敷を巡《めぐ》る話」に顔を出す霊能者もこの方だ。ゆえに、氏の力に関して、私は信じていると言わざるを得ない。

とはいえ、本人は非常に冷静かつ客観的だ。加えて、プロではないことを折に触れて、氏は語る。それでいながら、井川氏は霊能世界の在り方や、見え方、呪術、結界《けっかい》までをも明確に押さえて、話すのだ。

長年つき合ってはいるものの、このような形で話を伺ったのは、今回が初めてのことだった。

改めてインタビューという形で話を伺い、何より強く思ったのは、私は彼女の正体をほとんど知らなかった——ということだ。

夢で見たものが現実に

加門　ご自分の記憶のなかで、最初に不思議な体験をしたのはいつですか。

井川　幼稚園か小学校に入るか入らないかの頃《ころ》ですね。夢で見たことを家族に言ったら「それって、ほんとにあったことだよ」と言われました。それが最初です。夢で見たりというのが多かったですね。

加門　その夢が本当にあったと知ったとき、どう思いました？

井川　変な言い方なんですけど、家族の反応が、歌が上手な子供に歌を歌わせたのと同じ感じだったんです。ふーん、拍手、パチパチパチって。まったく動じなかったので、ああ、悪いことじゃないんだ、と。すごく楽しくなりました。

加門　じゃあ、ご家族はそういうのを全然、嫌がる感じではなく。

井川　平気でしたね。

加門　そういえば、以前、ご自分に会ったというお話を伺いましたよね。あれは、いくつぐらいのときですか。

井川　いくつだったろう？　今の夢の時期とあまり変わらないと思います。はっきりとは憶《おぼ》えていないんですけど、部屋に行ったら、正装した自分そのものが椅子《いす》に座っていて……おそらく自分だったのだと思います。そっくりだったので。

加門　普通の人に見えた？

井川　実際にそこにいるとしか思えない。なんでここに私がいるんだろって。で、両親に話したら、そういう占いとかする人のところに連れて行かれたんです。

それがきっかけといえば、きっかけですかね。

加門　いつ、自分で能力を自覚しました？

井川　そうやって夢で見るのを現実でも見られるようになった頃、小学校くらいですね。

加門　なんでそういう能力がついたと思います？

井川　家系なのかな。実際、家族がそういうことを異常なことだと思わない人たちだったので、私はとても運が良かったんでしょう。それで、それなりのツテがあって、そういう場所に連れて行ってもらい、そこでいろいろ教わったとき、「ああ、こういうのって普通の人はやらないんだ」と、わかった感じですね。

加門　家系だとすると、それって遺伝だと思います？

井川　ほとんどが遺伝なのでしょうけど、突発的に現れる人もいるとは思います。でも八、九割は遺伝じゃないですか。というのは、突発的な人というのは、家の人が認めないと嘘《うそ》になっちゃいますから。家に占い師がいたり、そういうことを家族が好きであれば、子供が何か言い出しても肯定してくれますけど、そうじゃないと嘘つきの子供ということになって、能力があるかないかわからないままで終わってしまうでしょ。

加門　遺伝だとしたら、それって何だと思います？　ＤＮＡ？

井川　いや、まったく違うと思います。抽象的かもしれませんが、やはり血、家系ですよね。例えば、絵が上手《うま》い家系の子は絵が上手くなっていくでしょう。ＤＮＡというより環境ですよね。

加門　そういうことを身内以外の人に意識的に告げ始めたのは、いつくらいからですか。

井川　私は告げることを固く禁じられていたので、しませんでした。

加門　いまだにしない？

井川　しません。親戚《しんせき》とか知り合いのツテで、約束事を守ってくれる人の場合はやりますが。

加門　なぜ、言ってはいけないと説明されました？

井川　小さいときに言われたことは、言われたくない人に言ってもしょうがない、と。例えば、亡くなった旦那《だんな》さんが一緒に歩いているのを見て、それを言って良いものか悪いものか。責任を取れないことは言ってはいけない。それをとても小さいときから教えられました。逆を返せば、言われる前はすごく無神経に言ってたんでしょうね（笑）。

やらないのなら、教えてはいけない

加門　井川さんは、実際にご修行なさったわけですか。

井川　まったく習ってないというのは嘘ですね。

加門　差し支えなければ、どういうところで？

井川　××山で。私に教えてくださった方は、元々個人でそういうことをやってらっしゃる方で、一緒に霊山に行って修行したり、そこへ連れて行ってもらったり、ご本人のお家に遊びに行ったり。

加門　師匠はどんな方でした？

井川　ごく普通のお婆《ばあ》さんでした。お婆さんといっても、私が可愛《かわい》がっていただいた頃は、まだお若かったんですけど。その方は片眼が悪かったんです。だから、私はそういう能力を持っている人は必ずどこか、身体の一部が欠損しているんだと思い込んでいたところがありました。

加門　その人のお話で、何か面白いエピソードはありますか。

井川　うーん、力比べみたいなことをしていたときかな。部屋があって「入ってはだめだよ」と言われて、その部屋の真ん中に、御札《おふだ》がトンと立ててあるんです。それで、ピシッピシッと、将棋の駒《こま》を指すような音がする。私にはわからないんですけど、お婆ちゃんには相手が何かを仕掛けているとわかってるらしく、音より速く一カ所に目を向ける。と、そこがまたビシビシッと鳴る。

おそらく、お婆ちゃんも何かやっているんですよ。つまり、目に見えない将棋、一種の遊びですね。ただ入っちゃいけないとは言われたので、まったく安全なものではなかったのだと思います。同じようなレベルの人と、遊んでいたんでしょうね。

加門　嫌な遊びですね（笑）。

井川　実際のところ、私にはまったくわからなかったんですが。

加門　そこには、いくつぐらいまで通っていたんですか。

井川　小学校六年までです。六年生のときにすごい熱を出して、右眼が見えなくなったんです——今は見えますけど。そのとき以来、行ってないですね。

加門　なぜ？

井川　能力が低くなったので、もう来なくていいと。

加門　その熱で？

井川　さあ、どうなんでしょう。実際の仕組みはわかりません。ただ、たしかに昔のほうがもっとクリアに見えたかもしれない。

加門　身体のどこかが欠損すると、そういう能力は上がるとよく聞きますけれど。逆に、それがきっかけでやめた、と。

井川　そうです。でも、その方が亡くなるまでは会ってましたよ、普通の人づき合いとして。

加門　そういう霊能者の方も、身内のことはわからないとよく言いますけど、ご家族のことは、何がどこまでわかりますか？

井川　実はこの前、わからなかったことを証明したばかりなんです。姉が離婚したんですけど、別れるまでまったくわからなかった。やっぱり、あまりに近すぎると希望が入るのでわからないんでしょうね。

加門　希望が入るからわかりづらい？

井川　それもあるし、あとはお礼がうまく受け取れないんです。ある意味、姉のものは私のものでもあるから。

加門　そのお礼、代価というのは、どういう意味で必要というか、大切なことなんでしょう。

井川　それを受けずにやる方はボランティアだと思いますが、私は、何かをしてあげた場合は、そのお礼をもらわないと、相手がそれを背負うことになると教わりました。

もちろん、私が教わったお婆さんのようなプロフェッショナルなら、当然、代価としてお金をもらえるのですが、私が子供だったから、おそらくそういう言い方をしたんでしょう。

もうひとつ、自分で力をコントロールできるようになったときに言われたことは、相手がやらないのなら、教えてはいけない、と。例えば「悪い夢を見るんですけど」と言われて対処方法を教えたのに、相手がそれをやらないと、その人の傷になる、とね。だから、先に、本当にやる人かどうかを見極めないとやってはいけない、と教わりました。見てあげた方の傷になるから。

加門　見てあげた側だけの傷になるんですか。

井川　どんな経緯があろうと、見てあげることは、お店屋さんと同じように何かを売っていることになるので、それで何ももらわないと、相手が泥棒になってしまうんです。

加門　罪を背負ってしまう？

井川　そうですね。やるって約束したのにやらないというのも同じである、と。ただ、私が教わったお婆さんなどは、見た瞬間に、「あ、この人やらない」ってわかるから、教えないんでしょうけど、私程度ではわかるわけもないですからね。

加門　お金を取らない霊能者の方もいますよね。そういうのはどう思いますか。

井川　それは個人のスタイルなので。ただ、どうやってその代価を払わせているんだろうとは思います。まあ、その人はその人の方法で、やりとりしているんでしょうけど。

加門　お金をいただいた場合、何か特殊なことに使いますか。

井川　いや。ただ近々に使い切ります。加えて自分だけのためには使いません。みんなに奢《おご》るでもいいし、分けるでもいいし。私は自分ひとりのために使うのはタブーなんです。

加門　なぜダメなんですか。

井川　私はプロじゃないので、結局、それを受け取って自分のために使ってしまうと、さらに残りますよね。

加門　うん？

井川　ご飯を食べると、栄養になって残るのと同じで、残ると、その事件がずっと後を引いてしまうんです。例えば、そのお金でペンダントを買うと、そのペンダントが延々私のところに残るでしょ。

加門　つまり、Aという事件があったとしますね。そのAという事件を解決して、お金をもらって、そのお金でペンダントを買う。すると、そのペンダントにAという事件がずっとついてくるということ？

井川　それに近いですね。自分のなかで「もらって当然だ」と思って、うまくクリアできればいいのだけれど、そういう意味では、まだうまく処理できない。ペンダントを見て「ああ、あのときのお金で買ったんだよな」と思うと、チャンネルが繫《つな》がってしまうときがある。プロの人はその辺、うまくクリアできているんでしょうけど。

加門　ぶり返す可能性があるということ？　事件が解決しても、また出てきてしまうものなのですか。

井川　基本的には、何事もなかったかのように綺麗《きれい》に、というのは稀《まれ》ですよ。どうしても微《かす》かに残ります。

自分の力は中途半端

加門　今、思いついたんですけど、例えば誰《だれ》かを見たとき、その人が過去、他の霊能者に会って何かの処理を頼んでいたとすると、それもわかる？

井川　わかります。何かあって、霊能者のところに行ったんだなあ、と。で、その霊能者がうまく繕《つくろ》っていれば、まったく問題ないし、下手《へた》だと、何年か経《た》つと綻《ほころ》びてくる。

加門　綻びてても繕ったのはわかるんですか。

井川　ああ、お直ししたなあって。

加門　面白い。今まで一度も、ご自分の力が衰えたことはなかったですか。

井川　いつも同じです。中途半端《ちゅうとはんぱ》。もっと力が強かったら、すごく悩んだと思うし、もっと低かったら忘れていた。その程度ですよ。

加門　将来、変わる可能性というのは？

井川　いやあ、今の仕事を辞めないと、ダメでしょう。いつも一緒でしょうね。

加門　今は結構社会的な生活をしてらっしゃいますけど、自分の力に疑問を持った時期というのはありますか。

井川　うーん。私は幸せだったと思います。周りにはもっと悲惨な人がたくさんいて、それこそ外に出られない霊能者とかもいましたから。だから、疑問というよりは、私は楽でいいなあ、と思っていました。

加門　特殊といえば特殊ですね。普通はあまり周りにいないですよね。

井川　はい。親が寛容だったというのも大きいかもしれません。

加門　ご自分は、どういうタイプの能力者だと思います？

井川　基本的に時間の概念がないんだと思います。私にとっては過去も未来も同じなんです。さっきのお婆さんのところに通っていたときにお会いした方のひとりは、すごく過去を見るのがお上手だったんです。そういうふうに普通、特化していくんですけど、私は過去も未来も、見る難しさは変わらない。ただ実際には、不確定要素が大きいので、未来のほうが難しいそうです。だから、先祖とかを当てるほうが難易度としては低い。

加門　でも、井川さんにとっては、未来の出来事も過去の出来事も同じだ、と。どこで、どういう差でわかります？

井川　実はわからなくなるときがあります。下手な小説だと「これ、いつあったことなの？」みたいなことがありますよね。そんな感じです。

加門　予知に対する疑問なんですが、災難に遭《あ》うという未来が出たとき、「こうやれば逃れられる」とアドバイスをしますよね。そうした場合、未来って変わっちゃうと思うんですよ。となると、変わる前に見ていたものって、何なんでしょう？

井川　そうなんです。自分でもよくわからないんです。私は「未来は決まってない派」なんですけど、実は決まっているように喋《しゃべ》る占い師も見ているので、自分のなかでも決着はつかないんです。

でも「車の事故に遭うから、乗らないで」と言って、乗らなかった場合は、間違えているんだと思う。正確には当てていないですよね。だから、そういう矛盾《むじゅん》が出る場合は精度が低いのかもしれない。「車の事故に遭うが、たいした怪我《けが》ではない」とか言うのが正解ですよね。これから事故に遭うという事実を言っているだけ。でも、そういうことまで言ってしまうと、占いって必要ですか。

加門　うん……。

井川　自分の精度が低いから、「どう思います？」って訊《き》かれても、「車には気をつけたほうがいいと思います。お乗りにならないほうがいいと思います」という言い方しかできないのかも。

お使い狐、龍、幽霊……

加門　ちょっとややこしい質問かもしれませんが、「霊」って何なんですか。

井川　何なんでしょうねえ（笑）。私、実際、幽霊を見るのが得意分野なわけではないんです。きっと、あのまま師匠について修行してたら、占い師になったと思います。

加門　ああ、なるほど。

井川　その付随として幽霊を見ているだけなんだと思います。この男が憑《つ》いているから、この子は運が悪いのね、みたいなことしか言えなかったと思うので……。だから幽霊が何かというのはわかりませんけど、もしかすると、残心《ざんしん》なのかもしれないですね。

加門　では「魂《たましい》」って何なんですか。幽霊と魂って違うと思います？

井川　違うと思います。魂は生きているうちしかない。死んだ人の魂が漂うことって、ないと思っているので。

加門　人魂《ひとだま》みたいなものはまた、違うと。

井川　あれは違う。魂って生きている人間にはありますけど、死んだらもう、ない。

加門　その確信はどこから？

井川　魂が漂っているのを見たことがないから。人魂は雨が降ったとき、お墓に……。
加門　つまり、井川さんにとって、人魂は燐《りん》なんですね（笑）。
井川　はい。というか、わからないんですね（笑）。ただ、なんか、お墓のとこに浮いているものとしか。
加門　なるほど。狐火《きつねび》や鬼火《おにび》というのは？
井川　あれこそ燐（笑）。あ、でも、鬼火はないけど、狐火は見たことありますよ。
加門　やはり燐なんですか。
井川　ううん。一回、山で見たことあるんですけど、綺麗な紫……真ん中が紫で、周りに金色の火がポツンって。とても綺麗で。それで、わあって思って。そのとき、私はまだ純だったので「人魂だあ！」って駆けていったら、すごく綺麗な弓……じゃないけど、曲線を描いた弓みたいな、葦《あし》みたいなものの先に火を点《つ》けたのを持って、キツネが歩いてきたんです。
加門　ええっ？
井川　で、「キツネだあ！」って追いかけていこうと思ったら、ギッて睨《にら》まれちゃって。すっごい怖かった。
加門　どんなキツネ？
井川　尻尾《しっぽ》がこーんな、大きい奴《やつ》。で、ああ、怖い。追いかけちゃいけないんだなって。どこかに行く途中だったんでしょうね。

加門　ああ。お使い狐。

井川　だと思います。綺麗でしたよ。きっと狐火っていうのは、それ自体も何かのお使いだと思うんですけど。

加門　よく、狐の提灯《ちょうちん》とか言いますよね。

井川　そうですね。きっとどこかに行く途中だったから、子供にアタックされたくなかったんでしょう（笑）。

加門　いやあ、羨《うらや》ましい話。

井川　いや、結構いますよ、どこにでも。特に山深いところなんかには。メルヘンなものもいっぱいいます。大きな木の枝のところに白っぽい人魚みたいな……着物の裾《すそ》みたいに尻尾が棚引《たなび》いている……それが笛を吹いてたり。山ではしょっちゅうありますよ。

加門　じゃ、天狗《てんぐ》とかも見たことあります？

井川　天狗はないです。

加門　外国にも、そういうのはいるんですか。

井川　海外には行ったことないんです。

加門　沖縄は？

井川　行ったことあるけど……あそこ、外国扱い？（笑）

加門　私的には（笑）。どうでした？

井川　特殊な土地だな、と。ここ日本じゃない……ああ、そういう意味では外国ですね。やっぱり特殊な神様がいる国なのか、特殊な生き物とかが歩いてました。暑さにやられた狛犬《こまいぬ》とか。

加門　へ？

井川　ぐったりして、ヨタヨタって歩いて。ああ、暑いのね、可哀相《かわいそう》にって。

加門　暑いの？　暑いとかあるんだ！

井川　らしいですね。それで木陰で休んでましたよ。

加門　ほー。それ、シーサー？

井川　より、もっと派手。朱赤に、黄色とブルーと金と銀が、くるんって柄《がら》みたいに入ってて、蹄《ひづめ》があって。

加門　蹄。謎《なぞ》の生き物ですね、それ。

井川　ヨタヨタしてて、でも、水をやれるわけでもないので。

加門　大丈夫だったんですかね、その子。心配になってきちゃった。

井川　あはは。まあ、こういうメルヘン幻覚でさえも、沖縄は変わっていましたね。

加門　メルヘンついでに訊きますが、龍《りゅう》とか見たことはありますか。

井川　はい。

加門　おっと（笑）。

井川　大きいのから小さいのまで。大体、大きいのって雷ですよね。あまりに大きいと気のせいかなって。小さいのは、五センチくらい。

加門　昔の絵にある、雨龍って感じ？

井川　でしょうね。雨のときだったから。

加門　へえ。雨龍って、絵に描《か》かれるとき、小さいじゃないですか。そうなると、見て描いたのかなとか思っちゃいますね。

井川　うん。空をへろへろって。……あれ？　なんで、私、いつも弱ってるのを見るんだろう。弱っているから、見えるのかな。相手がうまく擬態《ぎたい》ができてないのかもしれないですね。今わかったけど、そういうのを見るときは、いっつも弱っているかもしれない。

加門　みんな、なんとなく可哀相ですよねえ。でも、龍は見ても人魂はない、と（笑）。

井川　うん。だから、魂は生きているものにはあるけど、死んだらなくなる。それで、心残りとかあると、それが幽霊になるのかな？　わからないですね。幽霊って強く押すと引きますから。

加門　ん？

井川　私、幽霊は怖くないんですよ。なんでかというと、強く押すと引くから。

加門　そうなんですか。

井川　はい。だから、襲《おそ》ってきたりするのは、何かの複合系。

加門　複合系とは？

井川　それのなかにたくさん土地の因縁《いんねん》が入ってたり。ほんとに幽霊としてだけあるものだったら、無視したら、それきりですよ。でも、すごく謂《いわ》れのあるところで、大量に死んで、それが形になったりすると、単なる幽霊とは呼べないものになってますよね。そうなるともう、太刀《たち》打ちできないので、すぐ逃げるしかないんですけど。

加門　じゃ、ひとりでいる幽霊とか別に怖くないんですか。

井川　ヴィジュアルとしては怖いですけどね。

加門　そうですよねえ。

井川　むちゃくちゃ、怖い人もいますからね。怖くないって言っているけど、ヴィジュアルが怖くないって言っているわけじゃないですから（笑）。

加門　はっきり視覚で見えるんですか。

井川　どっちもです。やっぱり、怖いものほどはっきり視覚で見えたりします。昔住んでいたところの本屋さんの本棚に、首だけ入っていたことがあって「ぎゃあ！」って思ったことがある。

加門　それは嫌だ。

井川　あと、有名なトンネルの上とか。あからさまに女子高生が浮いて立っているんですよ。「立つわけない、あそこに」とか思ったときは怖い。

加門　じゃ、普通の人間と変わらないぐらいに見えるんだ。

井川　足しか見えないときとかもあります。でもやっぱり、きっちり人間として見える幽霊のほうが、パワーあって怖いですよ。

加門　それは相手側の問題なんですか。

井川　心残りが多いものほど、怖いんでしょうね。

加門　死んだ直後の姿とは限らない？

井川　はい。若い姿で出られる方とかもいらっしゃるみたいですからね。

狐憑きとヒステリー

加門　また魂の話になりますが、肉体に宿っていると仰《おっしゃ》ってましたけど、例えば戦死者のように体がバラバラになってしまった場合、どうなってしまうんですか。

井川　さっき言ったとおり、私は死んだ時点で魂は消滅すると思っているので。

加門　では、生きている方で、手が片方取れてしまった、と。そうなったとき、手はただの物体に？

井川　そう考えます。取り出した盲腸に魂が入っているとはちょっと思えない。

加門　でも、呪術とかでは相手の髪や爪《つめ》を使いますよね。それとはどう違うんですか。

井川　あくまで、私にとってですけど、爪も髪も呪符《じゅふ》みたいなもので、別に紙に書いた札でも同じなんです。そこに何かを込めなかったら。

加門　髪自体に、相手の何かが宿っているわけではないと。

井川　使うほうの能力値の問題というか、根性の問題であって、呪符とあまり変わらない。ただ、髪の毛とかに掛けたほうが、こっちが信じ込みやすいですよね。

加門　なるほどね。では、よく霊的な原因で病気になったりすると聞きますけど、それはどういうふうに捉《とら》えますか。

井川　私は霊的な原因で病気になるというのには反対です。単に悩み事が多くて、一番弱いところにガタがきただけではないかと思います。

加門　つまり、精神的な問題？

井川　そうですね。でも、その精神を悩ませているのは、霊的な問題かもしれない。

加門　じゃ、悪い霊が憑いているから癌《がん》になるとか、そういう話ではない？

井川　全然、思わない。癌家系だから、癌になったんだと思います（笑）。あるいは、検診に行かないからじゃないかって（笑）。

何かが取り憑いてというのは、ちょっと信じられないですね。ただ、すごく怖い思いをしたり、霊的な問題で心配になって、弱いところに来て病気になるのはアリでしょう。

加門　取り憑くということ自体は？　あるんですか。

井川　それはあります。さほどたくさん見たことはないんですけどね。なんか、ありがちの形容で申し訳ないんですけど、べとーってくっついたり、一部、溶けて入っていったり……。アイスクリームをなすりつけられたみたいに、ちょっとだけ霊体《れいたい》がくっついている感じですね。

だから、完全なアイスクリームの形をしているわけじゃない。完璧《かんぺき》にこの人、取り憑かれているというのはホント、少ない。見事に取り憑かれている人は珍しいですよ。

加門　見事にって（笑）。どう見えるんですか。

井川　いろいろですけど、人によっては着ぐるみみたいにもうひとり被《かぶ》っていたり。まあ、完璧に取り憑かれている人っていうのは珍しいですね。大概は半端で、誰かに恨《うら》み買ったんだなとか、失礼なことしたんだなとかいう感じです。

加門　それって、肉体に憑くんですか。

井川　いや、精神です。自分が手を動かすときも体が勝手に動いているんじゃなくて、意思ですよね。その意思を乗っ取られているんだと思います。よく「自分の力で動かしている」とか言いますけど、その「動け」って言っているほうを動かされている。

加門　神経系統とか、そういうのを支配される?

井川　やっちゃいけないと思っているのに、やっちゃう。そういう感覚なんじゃないですか。私は基本的に「手が痛い」とか言っている分には精神に憑いているんだと思います。でも、変な言動をしだしたり、狐憑きとか言われるものは、それこそ「魂」と言われるところなのかもしれない。

加門　その狐憑きに関してはどう解釈しますか。

井川　大きく分けて二つです。完璧なヒステリーか、あるいは本当にキツネが憑いているか。

加門　本当に狐憑きというのはある、と。

井川　あります。

加門　キツネが憑いているんですか?　コンコンって鳴く、あの?

井川　いや、別に富良野《ふらの》のキツネが車に轢《ひ》かれて憑くとかじゃなく(笑)。またメルヘンですけど、精霊、お使いみたいなものですね。そういうのをわからずに、総称して狐憑きって言っているだけだと思います。

加門　つまり、キツネとひと括《くく》りに言われているけど、いろんなご眷属《けんぞく》様とか。

井川　はい。私は基本的に狐憑きは、悪くは捉えていないんです。神様のお使いにするための練習みたいなものなので。それが現代では相手をしてあげられないから、変だと言われるだけでしょう。

加門　神様のお使いにするというのは、その人間を？

井川　そうです。向かない人間にはキツネは憑かない。要はアンテナが太くなるということですね。それが、他の人から見ると、変な言動をしているように見えてしまう。そういう人が修行すると、昔は巫女《みこ》さんになったりしたんでしょう。でも、今はケアできないから、行き場がないというか。

加門　狐憑きとヒステリーの差はどこでわかりますか。

井川　見たらすぐにわかりますよね？

加門　同意を求められても困るんですけど（笑）。

井川　本物は、イッてるように見えても、微妙に神々《こうごう》しいんです。巫女さんっぽい雰囲気というか。「うちのママ、今日、ヒステリーね」みたいな感じでは全然ないですね（笑）。

苦行は女性に向かない

加門　そういう巫女に限らず、霊能者って、圧倒的に女性が多いですね。なんでだと思いますか。

井川　さっきの話じゃないけど、女性のほうがヒステリー状態に陥《おちい》りやすいんだと思います。ヒステリーというか、女性は一定以上にテンション高めるのが上手ですよね。男の人は、トランス状態に入るのがヘタ。男は儀式的なものや修験者《しゅげんじゃ》のような行《ぎょう》を経て、なんとかトランスに入れますけど、女の人って一瞬で入れる。あの差なんじゃないんですか。実際にどれほどの学問を積み重ねても、無我の境地には敵《かな》わないですから。

加門　苦行とか修行とか、女性は必要ないんですか。

井川　苦行は女性の霊能者には向きません。というのは、女性は基本的に快感でしか能力を高められないからです。

加門　でも、苦行が快感な人っていますよね。

井川　もちろん、「苦行に耐える私が大好き」ならオーケーです。でも、基本的には女性は苦行では能力は上がりません。男性は別みたいですけれど。

加門　なぜ男性は苦行で能力が上がるんですか。

井川　男性は苦労をすることで大人になったり、顔つきがしまったりしますよね。でも、女性は苦労しても何ひとついいことない。上がるステイタスないんです。

加門　やつれたり、老けるだけか（笑）。

でも、そういう女性のトランスって、自己暗示的な部分が多くないですか。自己暗示と霊能って、どこに差があるんでしょう？

井川　いえ、霊能は自己暗示ですよ。私が何かを見たというのも、ある意味、自己暗示ですよね。それに証拠が伴って、初めて正解になるわけです。だから別に何も見えていないのに、それが正解なら、「見えた」と言ってもかまわないんです。

だけど、霊能の世界って、結構、正解がわからないでしょ。あなたの何代前の先祖はこうですとかいっても、調べようがない。だから、精度を上げていくために修行せざるをえないところはあるものの、本来は勘《かん》だってなんだって、かまわないんですよ。

加門　例えば精神病の人と霊能者の口から出ることが同じだとしますね。その違いは、正解があるかないかだけですか。

井川　そうだと思います。もし、入院しているような人でも、その人の言っていることがすべて当たっていたら、どう思います？

加門　……尊敬するな。

井川　そうじゃなく（笑）。

加門　となると、その人は霊能者？　病気？　それとも区別する必要なし？

井川　必要なしです。何を言っても当たるという霊能者がいて、会いに行ったら、わかりすぎるがために、もう、おかしくなっている可能性だってありますよね。でも、相変わらず当たっていたら、やはり霊能者なのではないですか。

大体、優れた女優とかも、そういう意味では通常からは逸脱《いつだつ》していますからね。だって、いきなり何百人もいる前で泣き出せるんですよ（笑）。それと同じで、結果だけです。それで誰かが感動すればオーケーですもの。

加門　霊能者の力の差は、どこを基準にして見ればいいんでしょう。

井川　どんな人間も、百パーセントはあり得ないとしても、やはりある程度の精度は必要ですよね。あと、常套《じょうとう》手段で使う「信じてない人がいるからできない」と言い出したら、もうアウトです。だって、信じてないに決まってるんですから、それを今更言うのは、今の自分の立場とかがわかってないってことですよ。そういう世間のことがわかってない霊能者、占い師ってイヤじゃないですか。だったら、その状況のなかで精度を上げるなり、訓練しているはずだから。

加門　常識的な問題ですよね。それ以外に、見てわかります？

井川　わかります。うーん。でも、相手が完璧に隠している、すごい能力者の場合はわかりませんね。

加門　上手《うわて》な場合？

井川　能力的に凌駕《りょうが》されている上に、完璧に隠されているとわからない。「自分は霊能者です」と名乗っていればわかりますけど、「ただのＯＬです」と言ってて、ほんとはすごい能力者だったりすると。

加門　井川さんは、誰かにズバッと言われたこととかあるんですか。

井川　ありますよ（笑）。

加門　下の人が隠そうとしてても、上から見るとモロバレ？

井川　バレます。

加門　霊能者というのは、人格者であるべきだと思いますか。

井川　全然（笑）。だって、小説家に人格求めますか。「なんて面白い話を書くんだろう。でも性格悪い」って関係ないじゃないですか。ただ、人格者である必要はないけど、真摯《しんし》ではあるべきですよね。真面目《まじめ》にやらないんだったら、やめたほうがいい。どの仕事もみんな同じでしょう。

とはいえ、霊能者も面倒臭いんです。すごい霊能者でも、やってるとルーティンになってきて、嘘ついているわけじゃないんだけど、こなし仕事になってしまう。そうすると、だんだん精度が下がってくるんです。

加門　そういう意味では、精神的にいつも、ある程度は張りつめていないと難しいんですね。

性格と能力って関係すると思いますか。

井川　多少は。能力値がすごく高いのに、本当のことが言えない霊能者もいます。可哀相だからって。でも、それがいいかというと、また話は別ですが。

加門　どうして、そういうものが見える人と見えない人がいると思います？

井川　歌が上手い人と、上手くない人の差。

加門　見えない人に対して、どう思いますか？

井川　いいな、と。もっとも、向こうも、見えていいなと思うんですかね。見えなくて楽な部分と、見えないからこそ池にはまるっていう部分とあるんじゃないですか。

加門　お互い様か。では、そういうものに、否定的な意見を言う方がいますけど、そういう方は？

井川　いや、すごい人を見たことがないんだなって（笑）。「サッカーつまんない」と言っている人が、ワールドカップの決勝を見に行ったら、すぐハマるっていうのと同じですよ。一点取るのにテケテケしているサッカーはつまんないけれど、ほんとに巧《うま》い連中の試合を見るとすごいですからね。それと同じで、否定する人ほど、本物を見せるとガッてハマッちゃいますよ。

加門　うーん。たしかにそうかもしれない。

霊能者と呪術師

加門　今のオカルトブームはどう思いますか。

井川　ないものねだり、かな。今の子たちというのは横並びに育てられた世代なので、

「私は見える」ということで、特別な自分というのを認識したいんでしょうね。でも、どれくらいのリスクを背負って、それができるのかということはわかっていない。リスクを考えていないですよね。

加門　霊能者のリスクって？

井川　わかりやすい例を挙げるなら、やはり眼が悪かったり、足が悪かったりする方が多いんです。それから、えてして幸せになる人が少ない。まあ、何が幸せかは本人によるのですが。ただ、対外的に、普通の人より幸せであるという人は少ないです。

加門　現実的な生活上での不幸はある、と。

井川　ええ。お金をもらったりして、そういうものにかかわると、必ずかかわった分だけリスクを背負うことになる。本来、自分とは関係ない人の人生に触るわけですからね。

加門　根本的な質問になりますけど、「霊能」って何だと思います？

井川　いろいろな力をお持ちの方がいらっしゃるので、一概には言えませんけれど、究極的には、目に見えない心の動きの問題ですね。幽霊だって、ある意味、いないと思えばいない。未来を知る知らないという力も、いらないといえばいらない。要は人間が欲するから出てきた必要な能力ということかな。

加門　もし人間が過去一度も欲さなかったら、霊能というのはない？

井川　なかったことになってしまうのではないですか。今のような天気予報がなかった頃は、いつ雨が降るかとか、巫女に訊いたりしていた。その巫女というのは人間に要求されたから出てきた仕事、能力でしょう。けど、今は天気予報があるから、その霊能がいらないことになっている。でも、本当にいらないのかというと、人間、神秘的なことが大好きなので、霊能力という言葉が残った。それだけのことで、先祖が誰かとかも、誰も興味がないんだったら、どうだっていいことなんでしょうね。

加門　それでは、霊能者というのは？

井川　私は基本的に霊能者っていうのは、成仏《じょうぶつ》させられないと思っているんです（笑）。

加門　させられない？

井川　というより、しなくていいと思ってる。だって、成仏させて、どこに行かせるんですか。「上」ってどこ？　お坊さんなら面倒見てくれるような気がしますけど。これは、単に主観ですけどね。

加門　それでは、問題を持っている人に対して、霊能者がすることは？

井川　原因究明。もちろん、対処法は教えたりしますけど、「なんとかがいるから、私のなかに一回入れる」とか「上げる」とかいうのは信じられない。よくそんなに怖いことするなって思いますよ。大体、そんなに簡単に成仏するなら、祟《たた》らない。

加門　怖いっていうのは、どう怖いんです？

井川　すごく大変なのに、なんで気軽にやるんだろうって。だって、レベルの高い霊能者だって、ふつう自分のなかには入れない。「こうしなさい」って言うだけです。自分のなかに異物を入れるって、怖いでしょ？

　そのリスクがみんな嫌だから、勉強したり修行したり、触らないで処理しようとか（笑）、どいてもらったりするわけです。「上げる」というのも、相手がそうしたいと思わない限り、勝手にやるのは無理です。

加門　できないという実感はありますか。

井川　うん、無理。いや、私ごときにはわからないだけで、すごい霊能者がいたらできるのかもしれない、ビーッとシールはがすみたいに（笑）。でも、私は「責任をもって、持って帰ってあげますよ」とは言わないですから。

加門　霊能者と呪術師は違いますか。

井川　違います。呪術師というのは、ある目的において、ある術を使う人のことです。例えば、赤ちゃんが生まれたら、占いをして、良いことが起こるように術を施してやるのは呪術師でしょう。でも、霊能者はそんなことしない。こんなふうな子だね、と判断まではする。そこで、この子は足が弱いかもしれないから、酷《ひど》いことにならないように、術を掛けておきましょうというのが呪術師の仕事。

加門　そうすると、呪術をやるにしても霊能の高い人のほうが効果がある。
井川　はい。霊能者は霊能力しかいらないけど、呪術師は霊能力プラス呪術の勉強が必要です。だって、勘だけでやる呪術師って、怖くないですか。小説だとしてもおかしいでしょ。「前とやり方が違うじゃないですか」ってアシスタントが突っ込んだら「いや、今日はこれがいいと思ったんじゃ」って（笑）。
加門　占い師と霊能者の違いは？
井川　占い師というのも、幽霊を祓《はら》っちゃいけないですよね（笑）。でも最近、霊能者と占い師と呪術師の区別が滅茶苦茶になってきているから。
加門　たしかに、ごちゃごちゃですよね。すると、霊能者と呪術師、占い師、宗教者ときた場合、井川さんに一番近いのはどれですか。
井川　占い師か霊能者。呪術は言うほどはできません。宗教者はまったく遠すぎる。信じていないわけではなくて、自分は宗教家だとは思わない。

文章を読むように

加門　井川さんが問題を見る場合、例えば、個人の人となりとか、どういうふうにわかるんですか。

井川　私は履歴書を読むような形です。
加門　文章が頭のなかに浮かぶんですか。
井川　はい。ただ、バラバラになっているときもあるので、そういうときは自分で頭のなかで組み立てないといけないんです。時には、本みたいにわーっと文章が書いてあるときもありますね。
加門　それって、活字がはっきり頭のなかに見えて、それを読み上げるという形？
井川　そうそう。小説を読んでいるのに近い。ただ、大概の人はそこまではっきりとした人生を歩んできてないので、ポツポツです。「小さいとき怪我をした」という文章が出て、そのあとに「手術」ってあったら、「怪我をして手術したことがあるんですね」って。よっぽどわかりやすい人生を歩んでいる人だと、ほんとに本を読んでいるみたいなときもありますよ。
加門　判断中、ご先祖とか、そういうような人が出てきたりすることもありますか。
井川　あります。先祖かどうか判別がつかないときもありますけど、関係者だということはわかります。
加門　それも文章的なもの？
井川　いえ、そういうときは大体、耳元で誰か喋る感じです。メモを渡されたときもあります。座って喋っていたら、きれいな女の人が私にメモを差し出すんです。で、取ろうとしたら、周りの人にはメモなんか見えないから「え？　え？」って。

加門　そのメモを読むって感じなんですか。

井川　ええ。それは一回切りでしたけど。生きてない人だなというのはわかってたんですが、メモを出された瞬間、ちょっと混乱してしまった。メモがあると思い込んで、机を叩《たた》いたりしてしまったので、周りが「え？」って（笑）。

加門　建物とか、いわゆる遠隔透視をするときも、文字なんですか。

井川　いえ。そういうときはヴィジュアルです。製図というか、こんなビル建てますって、試し書きみたいな感じで。３Ｄに起こすには時間が要ります。

加門　平面で、白黒？

井川　うん。

加門　面白ーい（笑）。

井川　少し時間をくれるか、相手がすごく怖い思いをしたりしていたりすると、はっきり見える。加門さんの三角屋敷（本章まえがき参照）、あれは完璧に見えました。他の方と行かれた幽霊屋敷は、中に入った途端、加門さんが違うことに気を取られてしまったので、ちょっと難しかったですね。気が散ると、なんというんですか、中途半端に歪《ゆが》むんです。でも、三角屋敷はよっぽど怖かったのか、正確でしたよ。階段の上がり方とか、変なところにあるエレベーターとかまではっきり見えた。

加門　ははは。それは、相談者の記憶を辿《たど》るという感じですか。

井川　そうなのかもしれないですね。それじゃない部分でやると、かなり大変です。それは例えば、部屋の隅《すみ》に何かいるとか、そういうのもわかるわけですよね。

加門　どういう形で出てくるんですか。

井川　今を見る感じです。つまり、加門さんが過去に行った建物の中に、今は何がいるのかとか。

加門　映画を見ているみたいに見える？

井川　いや、ちょっと違います。ところどころ斑《まだら》になっていて、なんか、安い制作会社が作った3DCGみたいで、ここ、フレームしかないじゃないかとか、いきなり、絵がぎくしゃくしたりとか。そんな映画みたいにスムーズにはいかない。

加門　それを頭のなかで統合するのって、難しくないですか。

井川　いえ、すべてを見ろと言われているわけではないので。例えば、誰かさんの部屋に何かいないですか、と訊かれれば、そこしか関係ないのであとは無視すればいいんです。無視できないと、大変かもしれない。でもきっと、ほんとのプロの人は映画みたいに見えるはずです。実際、映画を見るみたいだと言った人もいますし、お芝居を見ているみたいだと言った人もいます。

加門　そういうときのヴィジュアルと、幽霊を見るときの視覚の差は？

井川　多少違いますね。幽霊のほうが無意味に鮮明だったりします、うまくマッチングできてないCGみたいに。って、CGばっかり（笑）。

加門　そういうときって、目で見ているの？

井川　私は違うと思います。

加門　私、この間、某誌で少年の霊を見た話をしたんですが、そのときは本当に、閉じていた目をパッと開けたら、そこにいたんです。パチッて目を開けたら、そこにいたので、「え？　私、眼球で見てるの？」って。

井川　ラジオのチャンネルと同じじゃないですか。目を閉じることでチャンネルが合っちゃって、開けた瞬間、クリアに見える。でも、人間、「怖い！」となったら、チャンネルをガーッと動かしちゃいますよね。だから見えなくなっちゃうだけで。

加門　それじゃ、一瞬だけ見えたというのは？

井川　本当はそこにまだいるんですよ。一瞬だけ見えたにしては、そのまま気配が残ってたりすることってないですか。

加門　ええ。

井川　単に視覚のチャンネルを、怖さのあまりいじっちゃっただけなんですよ。

加門　なるほどね。では、現状がわかって、それでアドバイスをする場合、例えば、こうしなさいって出ますよね。なんで、それならオーケーだってわかるんですか？

井川　答えが書いてあるからです。

加門　答案用紙みたいに？

井川　そんな感じです。三択になっていて、例えば、A「朝、早起きして良い子になる」B「このことは忘れる」C「親に相談する」――どれが正解か自分で考えるんです。で、Bと思ったら「B」と。それ以上に、すでに答えが書いてあるときもある。

加門　何もかも本当に、文章なんだ。

井川　極端な話、架空の紙が頭にあって、読んでいる感じのときもありますよ。

加門　見えない相手と会話をすることはないんですか。

井川　私は、そんなに会話とかはできないんですけど、稀《まれ》にやったことがあって……でも、やっぱり幽霊の言ってることって、全然、理屈が通らないんです。さすがだなあ、と思って。

加門　さすがって？

井川　その幽霊と会話ができたとして、「どうして、憑いているんですか？」と訊くと、とんちんかんな答えが返ってくる。ある意味、多くの霊能者は、それに騙《だま》されているんじゃないのかなって思います。つまり、言っていることのほとんどが嘘なんですよ。それを飛び越えて本質がわかる霊能者は「あ、嘘吐《つ》いてる」と、相手の本音がわかったりするんでしょうけど。

加門　こちらの世界に残っているくらいだから、性格良くないものってことなんですかね。

井川　そうじゃなくて、多分、本人もわかってない気がします。なかには、ほんとに騙してやろうと思っているのもいるけどね。幽霊って、認識するだけで気が済むのも多いんですよ。徐霊《じょれい》とかではなく、「ここ、君の家じゃないよ」と言ってあげるだけでいいときもある。でも、物に憑いているもの、呪いのダイヤとかは絶対太刀打ちできない。装飾品は怖いですね。

加門　その怖いというのは、漠然と怖いんですか。

井川　綺麗なのに、なぜか怖いぞ、という物ってありますよね。

加門　それは、オーラとかいうもの？

井川　私、オーラは見えないです。優しそうな人とかのフワンとした感じとかは、微《かす》かにわかりますけど、でも、それって、きっとほかの人もわかると思いますよ。そんなに容姿がいいわけでもないのに、とてもモテる人とかいますよね。そういう人って、何か見ているだけでポワポワですよね。

加門　それって、なんだと思います？

井川　雰囲気かな？　氷が冷たいのは触らなくてもわかるという、あれです。氷って、手を近づけただけで冷たいじゃないですか。それは、氷は冷たいという本質がはみ出ているんだ、と。私はそう習いました。

加門　わかりやすい。では、幽霊とかもそういう感じで、善悪の判断がつくんですか。

井川　人間もなんとなく、悪い人って隠せないじゃないですか。それと一緒です。

加門　そういうものに騙されたことはないですか。

井川　ありますよ、小さいときに。いつまでもいつまでも、帰れなくさせられたり。連れて行ってあげるとか言われて、おいしいものが食べられるなら、どこまでもみたいな馬鹿《ばか》だったので（笑）。

でも、よく考えると、おかしいような身長差で、おとなの人なのに、なんで、私の耳《みみ》許《もと》で喋れるんだとか。それで延々、二時間ぐらい歩かされて。

加門　よく帰れましたね。

井川　親が見つけてくれたんです。

加門　そういうのって、なんのために歩かせるんですか。

井川　暇なのかなあ、向こうが。

加門　暇？（笑）

井川　やることないんじゃないですか。勤勉な幽霊って見たことないですよ（笑）。大体、タヌキが化かすとか言うでしょ。タヌキにはなんのメリットもないのに化かすでしょ。やっぱり同じところを歩かされたりする。ただ、それが本当に警告だったりすると、遅れたことにより、いいことが起こったりとかありますね。電車に乗り遅れたおかげで事故に遭わなかったとか。

加門　では、因果《いんが》というのは認めますか。

井川　はい。

加門　それはどういう形で？　悪いことをしても、まったく大丈夫な人というのもいる気がするんですが。

井川　結局、最後には帳尻《ちょうじり》を合わせることになるので、それはありえないと思います。

加門　絶対にプラスマイナスは合う、と。

井川　はい。

加門　それは今生《こんじょう》で？

井川　はい。帳尻が合います。

加門　先祖の因縁《いんねん》と言われるものは、どこまで現実の人に影響しますか。

井川　単純に言えば、家です。一番簡単なのは、先祖が土地持ちなら金持ちでしょ、ということ。芸術に優れた家ならば、次の子も芸術家にしようと思うので、音楽とかに触れる機会は多いですよね。オカルト的な意味でも、かなり前までは関係します。

加門　ただ、ご先祖さんって、二、四、八、と倍々に増えていって、十代とか遡《さかのぼ》った日には、厖大《ぼうだい》な数になりますよね。そういう人たちのどこまでが、どう影響するんでしょう。よく、私の嫌いなタイプの霊能者が言う言葉で（笑）、悪い先祖の因縁があって、供養《くよう》が必要だとか言いますよね。

で、私の考えなんですけど、大人数がいるんだから、いいことしている人もたくさんいるはずではないのかと。相殺《そうさい》されないんですか。

井川　関係ある人とない人がいるんだと思います。親戚のなかでも仲の良かった親戚と、そうでもない親戚がいますよね。同じ兄弟のなかでも、「お祖父《じい》ちゃんにそっくり」とか言われる子がいるように、すごく先祖の影響を受けちゃう子もいるんです。

だから相殺というのも、もちろんあると思いますけど、いいことをしたのが色濃く出る人もいるし、悪いことをしたのが色濃く出る人もいる。でも、何もかもが先祖の罰っていうのは、そりゃないだろと思いますよ（笑）。

日本は霊的に祝福されていない

加門　話は変わりますが、天変地異というのは霊的なものとかかわってくると思います？

井川　かかわってくるものとかかわってこないものがあります。一番わかりやすいのは、大雨。大体、大雨というのは、大事件が起こったところとか、何か不浄《ふじょう》なことが起こったときに降るんです。

加門　では、例えば、阪神大震災。あれをどう見ますか。

井川　神戸の結界が崩れたということじゃないですか。

加門　神戸の結界はどこなんですか。

井川　地震のとき、淡路島《あわじしま》の神社が崩れたでしょ。あそこだと言われてますけど、私もそれに関しては、否《いな》やはあまりないですね。もともと関西の結界って、ものすごく強いんです。だから、大阪には台風が来ない、地震も来ない。なぜかというと、御所のある京都の横にあるからって、よく言われてました。

加門　御所を護《まも》るために強い、と。

井川　はい。でも、ああいう形で地震が来てしまったので、今後はちょっとわからないですね。

加門　結界って、どう考えればいいんですか。

井川　人間が張るものと、自然が勝手に張っているものを人間が利用するものとの二つがあります。

加門　人間が張るのは、どんなものがあるんですか。

井川　注連縄《しめなわ》張ったり、御札を貼《は》ったり。御札がなくてもできますよ。こう架空で、御札をここと後ろとって……後ろがうまく貼れないんですよね……で、前に布施《ふせ》を積んで……すべてを頭のなかでやる人もいます。球状に貼る人とかも。

加門　んん？

井川　いやいや、簡単。精神力だけなんですよ。自分が一番やりやすい形、ドーム形とかパオみたいな形とか決めて、それでやればいいんです。慣れないうちは丸いほうがやりやすいですよね。どうも、日本人は四隅が好きなんで、四角にしたがりますけど、四隅作っちゃうと、死角ができやすいんですよ。

加門　なるほど。都市の結界というのは？

井川　日本は水の結界が多いですね。

加門　さきほどの大阪の場合は？

井川　あれは川の結界でしょ。俗に言う水上結界と言われるやつです。

加門　それが護りになっていた。

井川　ただ、阪神大震災が来たとき、堤防も決壊してますから、今後は、大阪にも台風が来たりするかもしれない。

加門　今後、日本全体はどうなっていくと思います？

井川　静かに死んでいくのかも。今の日本を考えたときに、霊的に祝福されているとは思えない。というか、日本という国としての価値はもうなくなっていくでしょうね。

加門　世界全体はどうなると思います？

井川　あまりに別要素が大きすぎて、わからないです。ただ、オカルトには傾倒すると思います。命の危険がある国って、すごくオカルトに傾倒するんですよ。生き残るための術《すべ》ということで。日本はそういう意味では、全然、危機感がない。だから、今後、どんどん本当の意味でのオカルトは退化していくのかもしれない。

加門　それは否定されていくってこと？

井川　そうですね。おそらく、本物の霊能者はどんどん表に出てこなくなってしまうと思います。そうすると、紛《まが》い物《もの》が世間に残ってしまうので、それを見て、また「嘘だ、嘘だ」と言うでしょう。

加門　本物のすごい霊能者は生き残っていくと思いますか。

井川　はい、絶対に。必要とされていますから。日本というのは霊的に護らないと生きていけない国なんです、あまりにも弱いから。

加門　弱いとは？

井川　まず、単純に地盤が弱い。地盤が弱いというのは、国としての土台が脆弱《ぜいじゃく》だということです。その上にすごい国を建てていったわけじゃないですか。この国を護る方法は、おそらく霊的な方法しかなかったんだと思うんです。今はそれを否定する人間がほとんどだけど、でも、本当はまだ残っていると思います。

だから、天皇家が祭りをするときに、日を見る人がいたり、どこかの神田《しんでん》から採った稲じゃないとダメとか言うんですよね。でも、それってリアルワールドで考えたら、どうでもいいというか、外から見たら異常なことでしょ。イギリス王室が、ここのメーカーの絹しか着ないと言っているのと、わけが違いますからね。だから、それがなくなったとき、この国はどうなるのか、と。かろうじて、そういうものが残っているからこそ、まだ保《も》っている。

加門　そうすると、日本の未来には、結構悲観的ですか。

井川　あまり楽観はしていません。できれば、私はお婆ちゃんの知恵袋的に残ってほしいと思っていますが。

インタビューを終えて

井川氏が今に至った要因は、なんといっても幼い頃の環境にあると言っていいだろう。

特異な才能を見出《みいだ》され、彼女は霊能者の許《もと》で修行した。修験者の行とはまた違う、霊能を研ぎ澄ますための修行というのは、それだけで充分興味深い。が、氏の周りには様々な能力を持つ「本物」が、沢山出入りしていたという。

まるで伝奇小説だ。しかし、氏の言動を見る限り、そこに嘘は感じられない。なにより井川氏の態度そのものが、その環境に身を置いたことを如実《にょじつ》に語っている。

氏の能力の一番の強みは、自分以外の大勢の能力者を知ることにある。だから傲慢《ごうまん》にならないし、語る言葉にも説得力がある。

霊能者は、同じ能力を持つ人と交流を持たない場合が多い。原因のひとつとして、その才能が稀であり、周りに似た者があまりいないということが挙げられる。感性豊かであるゆえに、孤独に陥る人も多い。が、そのために「井の中の蛙《かわず》」的な人も出てきてしまう。

そういう意味では、様々なタイプの霊能者が出入りしていた霊山を、幼い頃から知る環境は、かなり特殊なものだろう。

個人的つき合いのある私としては、正直、氏の言葉は謙遜《けんそん》が過ぎると思うところもある。しかし、そういう場に身を置かなければ、現在の井川氏もまた、存在しない。氏の世界における本人は、飽くまで「精度の低い」アマチュアなのだから、その場を知らないこちらが何を言っても、それは所感の域を出ない。

現在も、氏はその能力を秘したまま、会社運営を続けている。

そんな彼女を見るたびに、どのくらいの能力者が何も語らず「普通の世界」を生きているのか……いつも、私は考える。

世界は決して、自分が知り得る範囲のみで、構成されているわけではない。

我々が生きる世界は広い。加えて、とてつもなく深い。

あとがき

ご協力くださった方々の話を読み返すたび、本当に面白いと思ってしまう。

多分、この仕事で一番勉強し、楽しんだのは、私自身だろう。登場した方は皆、強烈な個性と世界観、また、能力を持っていた。

本書の企画を立てた当初、私は私なりの自負を持っていた。ほかの人より、少しは霊能者について知っているという自負だ。だが、それは取材が進むにつれ——否《いな》、取材の第一歩から覆《くつがえ》された。

まったく、驚きの連続だった。それぞれの個性と出会うたび、私は唸《うな》ったり、感激したりを繰り返しつつ、霊的な世界の多様さと豊かさに深い感慨を抱いた。

いや、「霊的な世界」というと語弊がある。結局、彼らが語ったのは、人の心や人の在り方、日本という国の文化についてだ。私が感銘を受けたのも、宗教や霊能の枠を超えた、人の精神の奥深さだった。

冒頭に記したように、私はこの本のすべてを信じろなどと言うつもりはない。実際、ここにはあまりにも、信じられない話が載っている。

大体、語り手自身が原稿を見て、「活字にすると、あり得ない感じがする」「読者だったら信じないね」などと笑うのだから、まさに読者の方にとっては荒唐無稽《こうとうむけい》な作り話の連続のようにも映るだろう。私自身も一読者だったら、信じられたかどうか微妙だ。

ただ、取材中の私は「ある」こととして、彼らの話を受けとめた。

結局、どんな話をしようと、それが信用できるか否かは、語る人物そのものが信用できるかどうかに尽きる。

私は単に、彼らの人柄を善《よ》しとしたため、不思議な話をも収録した。加えて、虚構や妄想であっても、そこに伝えるべきメッセージが存在するなら、それでいいと考えた。本書における選択基準は、まさに「信用」という一点に尽きると言っても過言ではない。

もちろん読者の中には最初から、すべてを「ある」と思う方もいるだろう。そういう方々には逆に、のめり込まないでほしい、と言いたい。

当然ながら、本書に出てきた話、考え方が、霊能のすべてというわけではない。それ以上に、霊能者は神ではない。まったく普通の人間だ。

心霊的なものに関心の深い人の中には、すべてをそういうものに託して、きちんと社会に向き合えない人達がいる。

病気も不運も霊的なもののせいにして、現実的な対応策を何も取らずにいる人や、ただの霊能者を神扱いするような集団に入り、その中でしか人間関係を構築できない人もいる。

しかし当人達が言うごとく、霊能は単なる技能、才能のひとつに過ぎないものだ。どんな能力を持っていようと、人としてこの世にある限り、性格や趣味《しゅみ》嗜好《しこう》も千差万別。その個体から出る能力も、千差万別のものなのだ。

歌の才能にたとえてみよう。

声が良くて歌がうまい――それを活《い》かしてオペラ歌手になる人もいれば、ロックや演歌の道に進む人もいる。卓抜した才能があれば、その人の歌は世界に流れ、後世に名を残すだろう。しかし、同じ上手でも、カラオケボックスで喝采《かっさい》を浴びる程度の人もいるし、山で羊を追いながら、誰《だれ》にも知られず心任せに歌い続ける人もいる。

どこに身を置くかは本人次第。何を歌うかも本人次第。

霊能の差は、そんな程度だ。そして、その差が「人」だからこそ出てくるのだということを、是非、理解していただきたい。

心霊世界もまた、同様だ。

ハマサイ氏は「解明されてはいけない」と言い、木村藤子氏は「霊の世界への理解は遅れている」と言い、三木芳照氏は「無信心な人はいない」と言う。

そんな世界をどう見るか、我々がどう認識するかも、演歌が好き、ポップスが好きというのと同じく、個人個人の感性次第だ。

さて。そういう話とは別に、このインタビューを通して、私なりにいくつか見えてきたことがある。

まず一番、顕著だったのが環境だ。

お目に掛かった方々すべての生まれ育った環境は、霊的・宗教的な心性を許容しているものだった。本当に、見事なほどに全員が、家族や周囲の理解、あるいは影響を受けて、今に至っている。

どんなに美しい薔薇《ばら》であっても、土壌が貧弱だったり、気候が合わなければ枯れてしまう。逆に、ありふれた花であっても、適した土や水があれば、大きな花をいくつも咲かせる。

霊能もまた、素直に育つ土壌と環境を得られるか否かが、潜在的な能力を引き出すきっかけ、鍵《かぎ》になるのだ。

無論、これは霊能という才に限ったことではあるまい。しかし、この能力は感受性に左右される分、より大きな影響を周囲から受けるようだった。

男女の差も、明確だった。

何より徹底的な性差が出たのが、修行に対する考え方だ。

今回、出会った方の中、修行を肯定的に捉《とら》えた女性はただのひとりもいなかった。図らずも、私自身までが同じことを喋《しゃべ》っている。

まさに井川浩子氏が語ったとおりだ。女性に苦行は必要ない。いや、自分の心情を重ねるならば、女性は苦行になんの魅力も見出《みいだ》していないというのが本当だろう。

また、全員ではないが、男女の別なく、世間に対する眼差《まなざ》しには若干の差異が感じられた。

霊能力がある、霊的な世界を信じる、というだけで差別を受けたことのある人、あるいはそういう現場を知っている人は、世間への眼差しは懐疑的だし、ガードも堅い。言葉の選び方も慎重だ。

逆に、バッシングを知らずに来た人は、自分と一般社会の間になんの隔ても置いてない。

前者を見れば痛々しく思うし、後者を見れば、そのおおらかさゆえに、私などは危惧《きぐ》を覚える。ただ、高橋恵子氏の言うとおり、ここ数年、頭ごなしに否定する頑《かたく》な人は、減少傾向にあるようだ。

今後は彼らの立ち位置も、少しずつ変わっていくのかもしれない。

霊的な世界と日常世界。

最初、私は両者の距離を少し詰めたくて、この企画を立ち上げた。だが、本書をまとめ終え、その拘《こだわ》りは完全に失《う》せた。

霊能力や神仏の在りどころを解明するのは、所詮《しょせん》、無理だし、ある意味、無意味だ。何より、その世界に関《かか》わる当人が、この世で自然に呼吸しているのだから、分けて考える事自体、見当外れなことなのだ。

世界の形はひとつではない。

だが、その差異は、角度によって物の形が変わる程度の差異に過ぎない。それを一視点のみに固定して、丸だ四角だと騒ぐのは、むしろ愚かなことだろう。

今後、心霊的な世界が、どうなっていくかはわからない。

しかし、彼らは絶対、消えない。ここに存在し続ける。それだけは、私は確信できた。

人に心がある限り、彼らはいる。霊能はある。神仏も、霊も、龍《りゅう》もいる。

なぜなら、私達こそが、それを必要とし続けるから——。

末筆ながら、ご多忙中、時間を割いて取材にご協力くださいました方々に、心より御礼申し上げます。まさに皆様方の貴重なお話なくしては、本書は成立しませんでした。

頂いたお言葉すべてを載せることができなかったのは残念ですが、皆様のメッセージが歪《ゆが》むことなく伝わることを願っています。

また、北から南まで、何年にもわたる取材におつきあいくださった、ふたりのK編集者にも感謝の言葉を捧《ささ》げます。

そして、本書を手に取ってくださった皆様にも。

ありがとうございました。

二〇〇七年四月吉日

加門七海

この作品は二〇〇七年四月、集英社より刊行されました。

集英社文庫

加門七海

うわさの神仏

日本闇世界めぐり

崇る、出る!? 神社仏閣やオカルトが大好きな著者が突撃する、全国の怪しい現場とうわさの寺社。第一部オカルト談義、第二部恐怖の現地ルポ。怖くて笑える超異色エッセイ。 （解説・細谷正充）

集英社文庫

加門七海

うわさの神仏

其ノ二　あやし紀行

大好評に応え第２弾！　東北から沖縄、台北まで、オカルト命の著者があやしいスポットを踏破。突撃精神はさらにパワーアップ、怖くて、笑えて、なごむ類まれな紀行エッセイ。（**解説・小松和彦**）

集英社文庫

加門七海

うわさの神仏

其ノ三　江戸TOKYO陰陽百景

風水、祟り、いろいろな神仏に妖怪。オカルトオタクな著者がガイドする、江戸東京のちょっといわくありげなスポットの数々。添付の地図を片手にぶらぶらと散歩はいかが。　（解説・なぎら健壱）

金原ひとみ　AMEBICアミービック
金原ひとみ　オートフィクション
金原ひとみ　星へ落ちる
金原ひとみ　持たざる者
加野厚志　龍馬暗殺者伝
加納朋子　月曜日の水玉模様
加納朋子　沙羅《さら》は和子《わこ》の名を呼ぶ
加納朋子　レインレイン・ボウ
加納朋子　七人の敵がいる
加納朋子　我ら荒野の七重奏《セプテット》
壁井ユカコ　2.43 清陰高校男子バレー部①②
壁井ユカコ　2.43 清陰高校男子バレー部 代表決定戦編①②
鎌田　實　がんばらない
鎌田　實
高橋卓志　生き方のコツ　死に方の選択
鎌田　實　あきらめない
鎌田　實　それでもやっぱりがんばらない
鎌田　實　ちょい太でだいじょうぶ
鎌田　實　本当の自分に出会う旅
鎌田　實　なげださない
鎌田　實　たった1つ変わればうまくいく 生き方のヒント幸せのコツ
鎌田　實　いいかげんがいい
鎌田　實　がんばらないけどあきらめない
鎌田　實　空気なんか、読まない
鎌田　實　人は一瞬で変われる
鎌田　實　がまんしなくていい
神永　学　イノセントブルー 記憶の旅人
神永　学　浮雲心霊奇譚 赤眼《せきがん》の理
神永　学　浮雲心霊奇譚 妖刀《ようとう》の理
神永　学　浮雲心霊奇譚 菩薩《ぼさつ》の理
加門七海　うわさの神仏 日本闇世界めぐり
加門七海　うわさの神仏 其ノ二 あやし紀行
加門七海　うわさの神仏 其ノ三 江戸TOKYO陰陽百景
加門七海　うわさの人物 神霊と生きる人々
加門七海　怪のはなし
加門七海　猫怪々
加門七海　霊能動物館
香山リカ　NANA恋愛勝利学
香山リカ　言葉のチカラ
香山リカ　女は男をどう見抜くのか
川上健一　宇宙のウインブルドン
川上健一　雨鱒の川
川上健一　ららのいた夏
川上健一　翼はいつまでも
川上健一　四月になれば彼女は
川上健一　渾身
川上弘美　風花
川上弘美　東京日記1＋2 卵一個ぶんのお祝い。／ほかに踊りを知らない。
川西政明　決定版 評伝 渡辺淳一

集英社文庫

うわさの人物《じんぶつ》 神霊《しんれい》と生《い》きる人々《ひとびと》

2010年3月25日 第1刷
2020年1月15日 第3刷

定価はカバーに表示してあります。

著　者 加門七海《かもんななみ》

発行者 徳永　真

発行所 株式会社 集英社
東京都千代田区一ツ橋2-5-10 〒101-8050
電話 【編集部】03-3230-6095
【読者係】03-3230-6080
【販売部】03-3230-6393(書店専用)

印　刷 凸版印刷株式会社

製　本 凸版印刷株式会社

フォーマットデザイン アリヤマデザインストア　　マークデザイン 居山浩二

ISBN978-4-08-746548-8 C0195